O Peregrino

de

John
BUNYAN

Publicações
Pão Diário

y destruir sin tener ... Ma...

pusimos en inteligencia ...

aprehendieran medios ...

haga los hechos no ...

Brasil y conducta

el Sr. ... de ...

... que ...

de todo

O Peregrino

de

John BUNYAN

Edição ilustrada

O peregrino
por John Bunyan

Coordenação editorial: Dayse Fontoura
Tradução: Wilson Ferraz de Almeida e Dayse Fontoura
Revisão: Dayse Fontoura, Dalila de Assis, Lozane Winter, Rita Rosário
Projeto gráfico e capa: Audrey Novac Ribeiro
Diagramação: Denise Duck
Imagens internas: Internet Archive Book Images, Wikimedia Commons

Dados Internacionais de Catalogação na Publicação (CIP)

Bunyan, John.
O peregrino, John Bunyan.
Tradução: Wilson Ferraz de Almeida, Dayse Fontoura
Curitiba/PR, Publicações Pão Diário.
Título original: *The Pilgrim's Progress*
1. Fé 2. Salvação 3. Vida cristã 4. Perseverança

Publicações Pão Diário
Caixa Postal 9740,
82620-981 Curitiba/PR, Brasil
publicacoes@paodiario.org
www.publicacoespaodiario.com.br
Telefone: (41) 3257-4028

Capa dura: Código: PT889 • ISBN: 978-1-64641-086-6
Capa brochura: Código: XP468 • ISBN: 978-65-5350-751-7

1.ª edição: 2020 • 6.ª impressão: 2025

Impresso na China

SUMÁRIO

PREFÁCIO DE JOHN NEWTON

Os escritos do Sr. Bunyan não precisam de prefácio recomendatório. As várias edições pelas quais têm passado e as diferentes línguas nas quais muitos deles já foram traduzidos provam, suficientemente, que os dons de Deus encontrados nesse homem têm, por bênção divina, sido muito aceitáveis e úteis às igrejas. Embora ele tenha sido chamado ao conhecimento e ao ministério do evangelho quando estava em um estado degradadíssimo de vida, bem como do hábito de conversas depravadas, e, mesmo que nunca tenha sido treinado em literatura, o Senhor, o grande, o único Mestre eficaz, fez dele, em grau eminente, um bem-sucedido e hábil ministro do Novo Testamento.

É provável que apenas as pessoas a quem ele pregava pessoalmente teriam se beneficiado de seu zelo e experiência se o Senhor não houvesse permitido que o ódio de seus inimigos prevalecesse contra ele por um tempo. Ele viveu em dias de mais provação do que os que nos couberam. Foi sentenciado à prisão perpétua por pregar a Palavra de vida aos pecadores. Contudo, o que sofreu foi o aprisionamento por mais de 12 anos. Mas seu espírito não estava em cadeias. Embora isolado do trabalho público, não permaneceu ocioso. Aplicou-se a escrever livros, e a maioria dos tratados, pelos quais, mesmo depois de morto, ainda fala (mais de 60), foram compostos durante seu confinamento na prisão de Bedford Goal [N.T.: Inglaterra]. Desta forma, seus adversários contribuíram para ampliar sua utilidade pelos próprios métodos que usaram para impedi-lo. E (como no caso do apóstolo) o que lhe aconteceu se provou antes proveitoso para promover o evangelho do que para o deter.

Seus livros — apesar de desprovidos daquela arte e ornamentos nos quais os autores que buscam o louvor dos homens depositam grande ênfase — foram, e ainda são, altamente estimados por aqueles que têm predileção pela verdade divina, grandes instrumentos nas mãos do Espírito Santo para despertar os negligentes e encorajar os que buscam a salvação. E não duvidamos de que ainda serão usados por Deus para esses propósitos em favor de muitos que ainda não nasceram.

No entanto, assim como entre as estrelas uma excede a outra em glória, de todos os escritos de nosso autor, não há qualquer outro talvez tão universal e merecidamente admirado como seu *O peregrino*. Neste, ele delineia a vida cristã sob a ideia de uma jornada, ou peregrinação, desde a Cidade da Destruição até a Cidade Celestial.

Nesse tratado, ele surge não apenas como escritor bem instruído nos mistérios do Reino, mas, também, como um homem verdadeiramente genial. Mesmo que nunca tivesse recebido uma educação erudita, Deus lhe concedeu habilidades naturais consideráveis, uma vívida criatividade, um espírito penetrante, grande capacidade de juízo, e seu estilo, embora direto e simples, é admiravelmente claro, animado e envolvente. Por meio dos exercícios pelos quais o Senhor o direcionou e por um acurado estudo da Palavra de Deus, ele adquiriu conhecimento singular do coração humano e das diversas formas que ele atua, tanto em seu estado natural quanto em seu estado depois da graça, e das várias armadilhas e perigos aos quais o cristão é exposto, provenientes do homem e das coisas do mundo, tanto quanto das argúcias de Satanás.

Bunyan exibiu, de maneira muito prazerosa e instrutiva, esse fruto de sua experiência e observação em seu *O peregrino*, que pode ser considerado como um mapa da profissão de fé cristã em seu atual estado misturado, enquanto o trigo e o joio crescem no mesmo campo. Um mapa tão precisamente desenhado que dificilmente encontraríamos um relato ou personagem — entre a vasta variedade de pessoas e incidentes que acontecem diariamente para nossa observação — ao qual não conseguiríamos facilmente apontar como uma contrapartida em *O peregrino*. E Bunyan é especialmente feliz em conquistar a atenção de seus leitores: muitos leram esse livro com certo tipo de prazer arrebatador, mesmo não entendendo o propósito do autor (que somente aqueles que têm os olhos de sua mente iluminados pelo Espírito de Deus podem adentrar plenamente), e aqueles que melhor o compreendem, e que o leem com frequência, normalmente encontram novos prazeres e instrução a cada leitura.

[...]

Que este prefácio seja encerrado com uma palavra ao coração do leitor. Se você não está convicto do pecado e guiado pelo Espírito a buscar Jesus, mesmo contendo notas de rodapé, *O peregrino* ainda lhe será um enigma. Como alguém que deseja o bem de sua alma, asseguro-lhe de que, quer reconheça ou não essas coisas, elas são realidades importantes. *O peregrino* é uma parábola, mas tem uma interpretação a qual lhe diz respeito. Se estiver vivendo em pecado, está na Cidade da Destruição. Ó, ouça a voz que lhe adverte: "Fuja da ira vindoura!". Ore para que os olhos de sua mente sejam abertos, então verá os perigos e alegremente seguirá a brilhante luz da

Palavra, até que entre em Cristo, a porta estreita, para o caminho da salvação. Se a morte o surpreender antes de você chegar nessa estrada, você estará perdido para sempre.

Se você está realmente perguntando o caminho para Sião com sua face voltada para lá, recomendo-lhe que se apresse. Contemple a porta aberta diante de você, e a qual ninguém pode fechar. No entanto, prepare-se para dificuldades, pois o caminho estende-se através de muitas tribulações. Há montanhas e vales a serem superados, leões e dragões que encontrará no percurso, mas o Senhor da montanha guiará e protegerá Seu povo. Revista-se de toda a armadura de Deus e lute o bom combate da fé. Cuide-se com o Adulador. Acautele-se da Terra Encantada. Contemple o País de Beulá, sim, a própria cidade de Jerusalém diante de você:

Lá, Jesus, o precursor, aguarda para receber os viajantes de volta ao Lar.

JOHN NEWTON (1725–1807)
Pastor anglicano e autor do hino
Amazing Grace (*Preciosa Graça* — HCC 314)

INTRODUÇÃO

O *peregrino* figura entre os maiores clássicos da literatura mundial. Durante muito tempo, foi, depois da Bíblia, o livro mais vendido do mundo, sendo encontrado tanto nas casas mais humildes quanto nas mais luxuosas mansões.

Neste texto, John Bunyan apresenta os fundamentos da doutrina cristã em uma alegoria. A jornada de um homem atormentado por sua condição pecaminosa, sua conversão e desafios encontrados enquanto se dirige à Cidade Celestial representam o que normalmente compreende a experiência cristã.

Sugerimos que antes de entrar na narrativa em si, você leia os textos introdutórios que lhe apresentarão o contexto histórico em que o livro foi produzido e como a vida do próprio autor influencia no produto final. A fascinante trajetória de Bunyan de fabricante de panelas, a soldado e até se tornar poderoso pregador impregnam a vida de vários de seus personagens.

Tenha sempre em mãos uma Bíblia, pois o autor indica as passagens que servem de base para esta alegoria nas notas de rodapé. Isso enriquecerá sua compreensão.

Nesta edição, incluímos ilustrações antigas para transformar sua leitura em uma experiência ainda mais agradável. Elas foram retiradas de uma edição inglesa datada de 1890. Portanto, você tem em mãos uma raridade!

A poesia inicial, intitulada "A apologia do autor ao seu livro", é uma defesa de John Bunyan de sua "ousadia" em produzir uma alegoria sobre um tema tão importante quanto o crescimento na graça. Seus argumentos foram deixados de forma convincente a quem quer que o questionasse.

Encontre seu local de leitura, acomode-se confortavelmente e aventure-se com Cristão em sua peregrinação. Você perceberá que, não raro, sua identificação com a história será tão intensa e a mensagem ao seu coração tão profunda, que se levantará encorajado a prosseguir em sua própria peregrinação em direção à Cidade Celestial!

Dos editores

BIOGRAFIA DE JOHN BUNYAN

Os primeiros anos

John Bunyan nasceu em novembro de 1628, em Elstow, um vilarejo a cerca de 1,5 quilômetro da cidade de Bedford. Seu pai, Thomas Bunyan, fabricava e consertava panelas e chaleiras. Sua mãe, Margaret Bentley, provinha de uma família mais abastada. John gostava de definir sua família com estando "entre a multidão dos pobres lavradores". Mesmo sem muitos recursos financeiros, os pais de Bunyan o enviaram à escola. No entanto, ele frequentou as aulas tempo suficiente para apenas aprender a ler e escrever. Desde cedo aprendeu o ofício do pai e ajudou no sustento da família.

Sua mãe morreu em junho de 1644, e sua irmã mais nova um mês depois. Em agosto do mesmo ano, seu pai se casou novamente. Esse novo relacionamento parece ter gerado o afastamento entre pai e filho, levando John a passar os três anos seguintes servindo como soldado na Guerra Civil Inglesa[1], muito provavelmente apoiando os Parlamentaristas sendo liderado por Sir Samuel Luke. Os anos

John Bunyan

passados nesse conflito influenciariam a escrita de alguns episódios dos livros de Bunyan no futuro. Somente um soldado experiente poderia escrever, com tanta riqueza de detalhes, as cenas de algumas das lutas encontradas em *O peregrino*, por exemplo.

Cedo em sua vida, Bunyan se embrenhou em uma vida de jogos e bailes. Pouco depois de ser dispensado do exército, casou-se com sua primeira esposa, entre 1647–48. Em sua autobiografia *Graça abundante ao principal dos pecadores* (Editora Fiel, 2012), ele afirma que, quando se uniram, os dois eram "tão pobres quanto os pobres devem ser, sem possuir muitos implementos caseiros, além de um prato e uma colher, que compartilhávamos". Apesar de serem tão destituídos, a esposa de Bunyan trouxe consigo, como dote de casamento, dois livros — uma extravagância para aqueles tempos: *The Plain Man's Pathway to Heaven* (A Jornada do homem comum ao Céu) de Arthur Dent e *The Practice of Piety* (A prática da piedade) de Lewis Bayly. Essas duas obras e o comportamento cristão de sua esposa influenciaram Bunyan a um despertamento espiritual. Tiveram quatro filhos, a primeira deles, Mary, nasceu cega e era alvo de especial afeto de seu pai.

---

1 Conflito deflagrado entre a Monarquia e o Parlamento inglês entre os anos de 1642–49. A animosidade entre monarquia e os parlamentares, que se iniciara no governo de Jaime I, foi intensificada pelas impopulares medidas sociais e econômicas de seu herdeiro Charles I, pelo conflito com os presbiterianos na Escócia e pela disputa da soberania da Igreja Anglicana com os puritanos. Os Parlamentaristas, liderados por Oliver Cromwell, impuseram sucessivas derrotas aos Monarquistas até que o rei Charles I foi decapitado, acusado de traição. A monarquia e a Câmara dos Lordes foram abolidas e, até o retorno de Charles II do exílio em 1660, a Inglaterra foi uma república.

A conversão

Os quatro anos seguintes foram de intenso conflito espiritual interior para Bunyan: se, por um lado, sua carne almejava continuar na prática do pecado, por outro, seu espírito, tocado pela graça divina, sentia o peso da condenação e o desejo de salvação. Certo domingo à tarde, enquanto jogava *Tip Cat*[2], uma voz do Céu lhe veio à mente, que dizia: "Você abandonará seus pecados e irá ao Céu, ou continuará pecando e irá ao inferno?". Naquele momento, Bunyan não deu importância à profunda inquietação que lhe sobreviera ao espírito. Mas, pouco depois, buscou numa vida de legalismo a redenção de sua alma. Começou a frequentar a igreja, mudou seu linguajar e a forma de se vestir. Contudo, quando confrontado por um sermão sobre a observância do Dia do Senhor, Bunyan decidiu voltar aos seus velhos hábitos.

Em *Graça abundante*, conta como certa vez, enquanto passava pela rua, ouviu três ou quatro senhoras conversando "sobre seu novo nascimento, a obra de Deus em seus corações e a forma pela qual se convenceram de seu estado natural de miséria. Falavam como Deus havia visitado sua alma com Seu amor em Cristo Jesus e com que palavras e promessas foram renovadas, consoladas e sustentadas

---

2 Jogo em que quatro a oito jogadores se posicionam perto de buracos que funcionam como as bases arranjadas em circunferência. Alguns jogadores se posicionam fora deste círculo, chamado de campo, e um número igual de jogadores, dentro dele, serão os rebatedores. Um desses do campo joga o toco de madeira (cat) ao rebatedor mais próximo. Se este conseguir rebatê-lo e o enviar para longe, os da base correrão trocando de base até que o toco seja recuperado. Cada base corrida equivale a um ponto. Se, por outro lado, o toco for recuperado por qualquer jogador do campo e este o jogar em direção a um jogador que esteja fora da base, durante a corrida, este último é eliminado do jogo. Se a rebatida for perdida, o "cat" é devolvido ao jogador do campo, e este tenta jogar novamente.

Igreja de Saint John, Bedford

contra as tentações diabólicas". Essa conversa levou-o a desprezar o pecado em sua natureza.

Em 1650, veio a conhecer o pastor puritano[3] John Gifford em sua casa paroquial na igreja de Saint John — então uma comunidade independente —, em Bedford. Nesta ocasião, conversaram sobre a salvação e a verdadeira mensagem de Jesus. No entanto, a rendição definitiva de Bunyan a Cristo ocorreu um ano depois influenciado pela conversa das senhoras, com o pastor Gifford e pela leitura de *Comentário da epístola de São Paulo aos Gálatas* (Ed. Sinodal, 2017, vol. 10) que, depois da Bíblia, era seu livro de referência. Neste

3 Grupo cristão que rejeitava a autoridade da Igreja da Inglaterra (ou Anglicana) pelo fato desta manter muitos rituais Católicos Romanos em sua liturgia. Desejavam uma profunda reforma na igreja, ou purificação (de onde varia o nome puritano), e o retorno à pregação e prática da Bíblia como norma de fé. Eram Calvinistas em sua maioria.

mesmo ano, começou a frequentar essa congregação em Bedford, embora permanecesse morando em Elstow. Tornou-se membro e diácono em 1653.

O aprisionamento

Seu talento para o ensino e pregação tornaram-se proeminentes, e ele pregava tanto em sua igreja quanto em outras comunidades para onde era convidado. Neste tempo, a Igreja do Estado, ou Anglicana, regulava toda a atividade de pregação, qualquer grupo ou indivíduo que se lhe opusesse era considerado ilegal e consequentemente perseguido.

Entre 1655–60, Bunyan envolveu-se em controvérsias com os Quakers[4]. Os vários panfletos e livretos que produziu durante este período, como resposta à doutrina Quaker, fizeram despontar seu talento literário. O ano de 1658 foi o da morte de sua primeira esposa e do primeiro indiciamento de Bunyan pela atividade ilegal de pregação sem a devida licença da Igreja da Inglaterra, que acabou por não resultar em julgamento ou prisão. No entanto, nem mesmo esses dois tristes fatos impediriam esse arauto divino de permanecer pregando a Palavra de Deus com ousadia.

Em 1659, aos 31 anos, casou-se pela segunda vez com uma jovem que tinha entre 17 e 18 anos, Elizabeth Bunyan, com quem teve

---

4 Grupo religioso protestante inglês fundado na Inglaterra, no século 17, por George Fox. Originalmente chamam-se Sociedade Religiosa de Amigos. O nome Quaker (do inglês "os que tremem") foi inicialmente usado pelos opositores de Fox como zombaria, mas acabou sendo adotado pelo grupo para se definir como "aqueles que tremem diante da Palavra de Deus". Entre suas crenças está a de que todo ser humano tem em si uma iluminação interior sobrenatural do evangelho da verdade. Rejeitam cerimônias religiosas, não possuem um clero (pois creem na igualdade de iluminação).

mais dois filhos. Em 1660, a perseguição aos não-conformistas, ou puritanos, se acirrou. O antigo Livro das Orações, promulgado no reinado de Edward VI (1547–53), foi reativado, e proibido qualquer culto que não seguisse essa liturgia.

Ao saber que Bunyan estaria pregando no vilarejo de Lower Samsall, o juiz Francis Wingate emitiu um mandado de prisão contra ele. Quando estava no meio do sermão, a polícia adentrou o ambiente e o levou preso, onde permaneceu aguardando seu julgamento. Seu indiciamento afirmava, mesmo que não estivesse apoiado por testemunhas: "John Bunyan, da cidade de Bedford, trabalhador, tem se abstido de forma diabólica e perniciosa de vir à igreja para ouvir o culto divino e é defensor comum de várias reuniões ilegais, que causam grande perturbação e distração dos bons súditos deste reino, contrariamente às leis de nosso soberano senhor e rei". Ao pronunciar sua sentença, o juiz Keeling disse: "Ouça seu

Elizabeth Bunyan diante da Corte em Londres em defesa de John Bunyan

julgamento: você será levado novamente à prisão, e por três meses seguidos lá permanecerá. Ao final desses três meses, se não se submeter a ir à igreja ouvir o culto divino, e a abandonar sua pregação, será banido do reino. Ou, se for encontrado pregando de novo sem licença do rei, será enforcado por isso. Digo-lhe sem rodeios. Carcereiro, leve-o!". A resposta de Bunyan foi: "Se me soltarem da prisão hoje, pregarei de novo amanhã, com a ajuda de Deus!". Foi condenado a 12 anos de encarceramento em 12 de novembro de 1660.

Sua esposa apresentou-se diante de juízes de cortes superiores em Londres em duas tentativas de apelação dessa sentença. Outros amigos também intercederam por ele, porém foi tudo em vão.

Apesar do cárcere em Bedford ser repugnante, o tratamento dispensado aos prisioneiros era humanizado. De dentro da prisão, Bunyan participava na fabricação de cadarços para sapatos, o que o ajudava no sustento da família. Recebia visitas regulares,

John Bunyan e sua filha Mary no cárcere em Bedford

especialmente de sua filha cega, que lhe trazia sopa para o jantar, e ele também podia, por vezes, sair da prisão para visitar sua família e pregar. Em uma dessas ocasiões, um sacerdote anglicano soube da saída de Bunyan e o delatou. Porém, neste dia Bunyan sentiu-se espiritualmente incomodado a voltar antes da hora marcada para o presídio. Quando o mensageiro chegou para verificar se todos os prisioneiros estavam em suas celas e bem, a confirmação de que Bunyan estava presente afastou a suspeita. Mais tarde o carcereiro lhe disse: "Você pode sair quando quiser porque sabe melhor do que eu quando deve retornar".

Outra liberdade que também lhe foi conferida foi a de ler, estudar e escrever. Durante esse aprisionamento, Bunyan escreveu sua autobiografia *Graça abundante ao principal dos pecadores*, que foi publicada em 1666. Entre seus livros favoritos, nesta fase de sua vida, estava *O livro dos mártires*, de John Foxe.

Os últimos anos

Sua soltura ocorreu em 1672, quando foi emitida a Declaração de Indulgência pelo rei Charles II. Foi-lhe dada autorização para pregar na região de Bedforshire com outros 25 ministros. Ficou, então, conhecido como o "bispo Bunyan", dando a entender que seria o líder entre todos eles. O prédio da igreja de Saint John, onde, antes do encarceramento, Bunyan frequentava e pregava, havia retornado à Igreja Anglicana, e a congregação agora se reunia em um celeiro. A fama de Bunyan se espalhou, e até em Londres era convidado a pregar, onde, segundo um registro, em certa manhã gelada 1200 pessoas se reuniram para ouvi-lo. Foi um tempo de descanso e prosperidade para esse provado servo de Deus.

Contudo, em 1675 a atitude do governo para com os puritanos mudou e muitas licenças para pregar foram revogadas, entre elas a de Bunyan. Em março de 1676, após outra ordem de prisão, John Bunyan retornou ao cárcere onde permaneceu por seis meses. A tradição diz, na falta de relatos históricos precisos, que teria sido nesta ocasião que ele teria escrito sua obra mais notável, *O peregrino*, publicado pela primeira vez em 1678.

Devido à sua popularidade, Bunyan teria recebido um indulto real e depois disso desfrutou de liberdade até o fim de sua vida. Sua influência cresceu e seu ministério abrangeu pregações em quase todas as partes da Inglaterra.

Em seus últimos anos de vida, ainda escreveu muitas e excelentes obras, entre as mais conhecidas estão: *The Life and Death of Mr. Badman* (Vida e morte do Sr. Maldoso, 1680), *A Guerra Santa* (1682), *A peregrina* (1684). John Bunyan escreveu um total de 61 obras entre panfletos, livretos e livros.

Morreu de gripe em 31 de agosto de 1688, em Londres, para onde fora apaziguar uma disputa entre pai e filho. Foi sepultado em Bunhill Fields, cemitério dedicado aos puritanos.

Um dos contemporâneos de John Bunyan descreveu assim sua aparência e personalidade:

Seu semblante parecia ser o de uma pessoa de temperamento austero e rude, mas em conversa era manso e afável; não era muito dado à loquacidade ou a muitos discursos, a não ser que alguma ocasião urgente o requeresse. Nunca o vi se vangloriar de si mesmo ou de seu quinhão, mas parecia se ver como muito humilde e se submetia ao julgamento de outros. Detestava a mentira e xingamentos, e era leal, em tudo que estava em seu poder, à sua palavra; não revidava injúrias e amava reconciliar diferenças e fazer amizade com todos. Era muito perceptivo e possuía um excelente discernimento de pessoas, tendo bom senso e humor. Quanto à sua pessoa, era alto, de ossos largos, embora não fosse corpulento, suas faces eram de certa forma rosadas, olhos brilhantes, e tinha bigode, como era moda na época. Seus cabelos eram ruivos, mas nos últimos anos já contava com alguns brancos. Seu nariz bem formado não era adunco ou arrebitado, e sua boca, moderadamente grande. Tinha testa alta e sempre se vestia com simplicidade e modéstia. E assim, descrevemos, de maneira imparcial, o interior e o exterior de uma pessoa cuja morte tem-se lamentado muito. Uma pessoa que experimentara os sorrisos e os olhares severos de seu tempo. Que não se orgulhava na prosperidade e nem estremecia diante da adversidade, que sempre sustentou a mensagem áurea.

Nele, brilhavam três grandes eminências:
Era historiador, poeta e pregador em excelência.
Deixem-no repousar na poeira imperturbável,
Até a ressurreição desse santo inculpável.

Os puritanos em conferência com o rei Jaime I da Inglaterra

O PEREGRINO — UMA OBRA DE VALOR INESTIMÁVEL

O *peregrino* foi publicado, pela primeira vez, em 1678 por Nathaniel Ponder em sua Casa Publicadora em Londres. O título completo original da obra era "O progresso do peregrino deste mundo para o mundo porvir", e continha inicialmente 191 páginas. A demanda pelo livro foi tanta, que antes do final deste mesmo ano foi publicada a segunda edição com o acréscimo de algumas passagens e notas. (Faz-se necessário lembrar que a quantidade de leitores no século 17 era escassa.) Isso fez dele um best-seller sem precedentes na história, mesmo que sua apresentação fosse extremamente simples. A segunda parte do livro, conhecida em português como *A peregrina*, foi publicada em 1684.

No entanto, o sucesso do livro não ficou confinado às fronteiras da Inglaterra. Sua recepção em países como Escócia, Irlanda e Nova Inglaterra (atual Estados Unidos da América) foi ainda mais entusiasmada. Neste último, a primeira edição foi apenas três anos após o lançamento no país de origem. Contudo, os editores americanos — de origem puritana, como Bunyan, — entenderam que, pelo teor da obra, valia o investimento de produzirem uma edição de luxo. Em poucos anos, *O peregrino* já estava traduzido em francês, holandês, alemão, flamengo, gaélico e galês. Foi amplamente usado pela Sociedade Missionária de Londres como ferramenta para evangelismo nos países onde atuavam. Com isso, no final do século 18, já havia chegado às Índias; e no século 19, na África. Na última vez em que foi computado, *O peregrino* já podia ser achado em mais de 200 línguas, o que faz dele o livro mais traduzido no mundo depois da Bíblia. A primeira edição em português data de 1782 e foi impressa em Lisboa, Portugal.

Logo que foi lançado, teve apelo especial entre as classes trabalhadoras, mas em pouco tempo era livro de cabeceira de todas as camadas da sociedade.

Gênero literário

Na Inglaterra do século 17, a literatura ficcional ainda não era disseminada ou amplamente aceita, principalmente entre a literatura de cunho cristão. Isso justificaria o poema *Apologia do autor ao livro*, que abre o texto de *O peregrino*. Nele, Bunyan dá as razões por ter escolhido escrever em forma alegórica, tentando inclusive prever as críticas que receberia por tal opção.

O gênero literário adotado pelo autor é a narrativa de aventura, e Bunyan demonstra muita habilidade no desenvolvimento dos personagens e do enredo da história. Quando combinado com a característica alegórica, esse tipo de texto leva o leitor a entender que os eventos, personagens e cenários são, de fato, figura de uma realidade ainda mais profunda. E é com isso em mente que *O peregrino* deve ser lido.

Os nomes dos personagens representam tanto suas características pessoais mais marcantes como indivíduos, mas também uma classe de pessoas que tem modos de agir e pensar semelhantes aos manifestados na narrativa. Semelhantemente, os lugares onde Cristão

THE
Pilgrim's Progreſs
FROM
THIS WORLD,
TO
That which is to come:
Delivered under the Similitude of a
DREAM
Wherein is Diſcovered,
The manner of his ſetting out,
His Dangerous Journey; And ſafe
Arrival at the Deſired Countrey.

I have uſed Similitudes, Hoſ. 12. 10.

By *John Bunyan.*

Licenſed and Entred according to Order.

Primeira edição de *O peregrino*, impressa em 1678

chega ou por onde passa e as situações que enfrenta em cada um deles manifestam as fases da caminhada desse personagem em si, assim como as experiências compartilhadas por todos os que renderam sua vida ao Salvador.

Bunyan buscou fundamentar sua narrativa em sua experiência pessoal bem como na Palavra de Deus. Sua vida no exército, sua conversão, seu ministério, prisão e depois soltura, permeadas de todos os conflitos e dilemas por que passou sua alma, são pano de fundo para a compreensão e a identificação com o texto. Seu cuidado em fornecer dados marginais a sua narrativa com textos bíblicos, que dão base aos eventos, enriquece o aprendizado prático das Escrituras.

Cosmovisão teológica

O contexto histórico em que John Bunyan viveu moldaram seu pensamento teológico e político e se refletiram em seus escritos, como era de se esperar.

A Guerra Civil entre os monarquistas e parlamentaristas levou à derrota dos primeiros e consequentemente à execução do rei Charles I em 1649. Crê-se que o tempo que Bunyan passou no exército foi lutando ao lado dos parlamentaristas. O poder da Igreja da

Inglaterra ficou, após essa derrota dos monarquistas, enfraquecido. Comunidades independentes foram autorizadas, bem como os pregadores leigos itinerantes. Os puritanos desfrutaram de um tempo de paz, e suas doutrinas calvinistas puderam se proliferar. Com o retorno da monarquia, sob o rei Charles II, a Igreja Anglicana buscou reaver seu controle sobre as atividades religiosas e a perseguição aos puritanos e a outros grupos dissidentes começou.

A inerente pecaminosidade do homem, sua incapacidade de autoexpiação, a suficiência do sacrifício de Cristo como método salvador, a obrigação do crescimento nas virtudes cristãs, a imperatividade do conhecimento disseminado das Escrituras, a necessidade da comunhão cristã como meio de encorajamento à prática do evangelho são as temáticas encontradas em *O peregrino*. Esse conhecimento das doutrinas calvinistas vieram por influência de seu discipulador, o pastor John Gifford, pela leitura do *Comentário da epístola de São Paulo aos Gálatas*, de autoria de Martinho Lutero, e pelos tratados que o próprio Bunyan escreveu em sua controvérsia contra os Quakers.

A iniciativa de Bunyan de propagar essas doutrinas fundamentais ao cristianismo protestante em forma de narrativa alegórica facilitou a compreensão do plano de salvação como exposto na Bíblia ao leitor comum.

Conclusão

Como um livro que atravessa mais de três séculos, *O peregrino* foi de grande influência na literatura mundial, mas mais especificamente na de língua inglesa. Autores ligados ao movimento romântico do século 19, como Charles Dickens, Charlotte Bronte, Mark Twain, George Eliot e Loiusa May Alcott, utilizaram-se do texto de Bunyan para construção do enredo de alguns de seus livros.

Também renomados autores do século 20 foram influenciados pelo clássico de Bunyan. Exemplos disso são os livros: *A feira das vaidades*, de William M. Thackeray (Editora Europa-América PT, 1999 — em clara referência ao capítulo em que Cristão e Fiel chegam a esta feira); *Mr. Standafast*, de John Buchan; *O regresso do peregrino*, de C. S. Lewis (Ed. Ultimato, 2019).

No entanto, sua influência tem sido ainda mais marcante entre os pregadores dos séculos seguintes como os eminentes George Whitefield (século 18) e Charles Haddon Spurgeon (século 19), J. I. Packer, R. C. Sproul, John Piper, John McArthur (todos do século 20 e 21).

Como disse o Rev. William Landels, em sua nota introdutória ao volume de *O peregrino* de 1890:

> *...o homem que ficou proibido de pregar para algumas poucas pessoas reunidas na cabana de um camponês, foi provido com recursos para escrever um livro por meio do qual fala a milhões, em toda a parte, e por várias gerações. Ao mesmo tempo, os homens que buscaram silenciá-lo foram todos esquecidos. Assim os esquemas dos inimigos do evangelho são frustrados.*

Os tempos podem mudar, novas tecnologias e avanços científicos serem promovidos, mas esta obra clássica do cristianismo bíblico permanece falando ao coração de todos os que, em algum momento de sua jornada pela vida, sentiram o peso do pecado sobre seus ombros e desejaram libertação.

Dormi e tive um sonho…

A APOLOGIA DO AUTOR AO LIVRO

No início, quando a caneta tomei em mãos
Para assim escrever, eu não sabia, irmãos,
Que neste modelo um opúsculo faria.
Não! Na verdade, outro pensei que comporia,
O qual, quando quase caducou,
Sem que eu percebesse, este livro inspirou.

E assim foi: sobre dos santos a epopeia
Nesta era do evangelho, era a ideia.
De repente, vi-me compondo esta história
Sobre sua jornada rumo à glória.
Mais de vinte coisas registrei.
Isto feito, sobre outras vinte meditei.
E estas em outras tantas se multiplicariam
Como as fagulhas das brasas que ardiam.
Foi então que ponderei:
"Se vos procriais rapidamente,

De lado vos colocarei,
não vos quero em minha mente,
Assim, impedirei que ad infinitum *me consumais*
E do livreto que componho vos torneis rivais".

Isso fiz, porém, ainda assim não almejei
A deste modo apresentá-lo à grei.
Pensei apenas: Um texto quero fazer,
Sem compromisso, como lazer;
Não para meu próximo agradar,
Senão apenas para a mim mesmo gratificar.

Nestes rabiscos meus, tempo de ócio empreendi.
Ao fazê-lo, tão somente pretendi
Distrair-me dos maus pensamentos
Que me fazem errante ao sabor do vento.

Alegre, minha caneta apliquei ao papel.
Logo, minha mente alçou ao céu.
Agora, ciente do método que escolhi,
As imagens afluíam, e assim as descrevi.
Até que por fim vieram a ser
A grandeza e profundidade que se vê.

Quando enfim o trabalho estava acabado,
Mostrei-o a outros para ver como seria avaliado.
Condená-lo-iam, ou achariam razão para o defender?
Alguns disseram: Que viva!
Outros: Melhor deixar morrer.

O Peregrino

De uns ouvi: John, publique!
Outros não falaram igual.
Alguns o acharam bom. Outros que iria muito mal.

Encontrava-me, então, num dilema e não reconhecia
Qual a melhor alternativa
para o impasse que se erguia.
Por fim pensei: "Já que estás assim dividido,
Publicá-lo é a solução". Assim o caso ficou decidido.

Percebo que, se pudessem, alguns assim o fariam,
Embora outros nessa via não correriam.
Para provar acertado
quem para o melhor aconselhou,
Achei por bem testar o livro por quem bem o avaliou.

Ponderei ainda: Se o negasse aos que o amaram,
Para satisfazer aos que o desprezaram,
Creio que ocultando-o eu estaria
Àquele que nele grandemente se deleitaria.

Aos contrários ao seu lançamento
Disse-lhes: "Ofender-vos não é o meu intento!
Como vossos irmãos encontraram nele prazer,
Aguardai para julgar até que mais possais ver.

Se não o quereis ler, em mim encontrais endosso;
Alguns apreciam a carne, outros preferem o osso".
Sim, para que melhor pudesse os apaziguar
Nesses termos resolvi argumentar.

Em tal estilo e método não devo escrever,[1]
Sem que minha meta e teu bem eu possa perder?
Pergunto-me: Por que não ousar?
Nuvens negras trazem chuvas,
as brilhantes só pairam no ar.

Se gotas prateadas caírem,
quer de nuvens negras ou brilhantes,
Para regar a terra e produzir colheitas abundantes,
Sem censurá-las, sejais muito agradecidos.
Desfrutai com alegria dos frutos fornecidos.
Sim, para que, da mescla desses produtos,
Não se possa distinguir de onde veio o fruto.
Faminto, com a provisão saciar-vos-eis,
Porém, saciados, qualquer bênção desprezareis.

Vedes do pescador os modos de ação.
Pega o peixe com sua engenhosa invenção.
Observai, como empenha toda a sua inteligência;
Sua armadilha, linhas e anzóis dispõe com diligência.
Contudo, peixes há que nem ganchos, ou redes, ou laços,
Poderão trazê-los a vossos braços.
Tais peixes só com o tato são encontrados,
Caso contrário, jamais serão capturados.

Como almeja o passarinheiro a ave capturar!
Por todos os meios que puder empregar:

1 Uma alegoria é meramente um artifício para "capturar" a atenção.

Arapucas[2]*, redes, armas, luzes e sinos;*
Rasteja, avança, levanta, usando todo seu tino.
Quem dessas táticas poderá falar?
Nenhuma delas o fará essas aves conquistar.
Para aprisioná-las lança mão de assobios e pipilos,
Contudo, perdê-las-á, embora as cace sem vacilo.

Se uma pérola pode na boca de um sapo repousar,
Bem como na concha da ostra se achar;
Se naquilo que não levanta expectativas
Podem-se encontrar coisas significativas,
Quem condenará aquele que suspeitar
Que ali as encontrará se nelas espreitar?
Neste opúsculo carente das gravuras
Que despertam dos homens as ternuras,
Não faltam todas as coisas excelentes
Nas ousadas, porém vazias, ideias prevalentes.

"Bem, não estou plenamente convencido
De que este livro permanecerá depois de lido."
"Por quê?" "Provoca-me assombro!" "E daí?"
"Mas é falso!" "Qual o problema?", curioso respondi.
"Alguns, por meio de alegoria[3] *de tal forma soturna,*
Brilham mais forte sua luz na escuridão noturna."
"Mas eles almejam a solidez", diz o homem.
"Entre as metáforas suas forças lhe somem."

---

2 Armadilha para caçar pequenos pássaros; ger. uma pirâmide feita com pauzinhos ou talas de bambu; urupuca (Houaiss, 2009).

3 Modo de expressão ou interpretação que consiste em representar pensamentos, ideias, qualidades sob forma figurada.

Sólida, sem dúvida é a caneta
Do homem que se faz profeta.
Todavia, devo buscar solidez
Se por metáforas falo com intrepidez?
Outrora, de Deus as leis e o evangelho revelados
Não foram por tipos, sombras e metáforas comunicados?
Relutaria o homem sóbrio em neles crer
Temeroso do fruto que isso poderia lhe render?

Ao contrário, à elevada sabedoria se humilha
E perscruta o que por pinos e presilhas,
Por bezerros e ovelhas, novilhas e carneiros,
Aves e ervas, e pelo sangue dos cordeiros,
O Deus soberano desejou lhe falar.
E satisfaz-se por luz e graça neles encontrar.

Portanto, não vos apresseis em afirmar
Que careço de solidez, que sou como as ondas do mar.
Nem tudo que sólido parece ser, sólido será.
Quem as mensagens das parábolas desprezará?
Se não, o que nos é doloroso levianamente receberemos
E de tudo o que é útil para nossa alma nos privaremos.
Em minhas sombrias e turvas palavras,
encontra-se verdade.
Assim como os cofres escondem
o que há de preciosidade.

Metáforas os antigos profetas empregaram
E a verdade ao mundo com ousadia anunciaram.

O Peregrino

Aquele que Cristo e Seu apostolado esquadrinha
Constatará que usaram de simbologia como a minha.

Receio dizer que as Sagradas Escrituras,
Que assim destronam a argúcia das criaturas[4],
Estão por todo lado repletas de imagens sombrias,
Figuras de linguagem e alegorias.
No entanto, esse mesmo Livro por todo lado irradia
Luz que a noite mais escura transforma em dia.

Vinde, permiti que meu crítico sua vida examine
A ver se com linhas mais obscuras que neste livro atine.
Algumas encontra; e que assim venha a saber:
Mesmo em seus melhores dias, a sombra vai aparecer.

Que nos postemos diante de homens imparciais,
Contra um único dele, empenho dez a mais,
De que compreenderão destas linhas o sentido
Muito mais que seu engano
em bandejas de prata servido.
Vem, verdade, embora em trapos envolta,
Comunica ao juízo, restaura a mente revolta;
Acalenta o entendimento, subjuga a vontade,
À memória preenche e ensina com acuidade
Sobre tudo que deleitar a imaginação
E que tende a apaziguar a nossa inquietação.

4 "Derribou do seu trono os poderosos e exaltou os humildes" (LUCAS 1:52).

Sãs palavras, eu sei, Timóteo deve usar[5]
E as fábulas das velhas caducas rejeitar,
Mas Paulo, sóbrio, não lhe proíbe jamais
O uso de parábolas nas quais escondidas encontrais
O ouro, as pérolas e as pedras preciosas
Que tanto valem escavar com mãos laboriosas.

Permiti-me uma palavra a mais apenas:
Estais vós ofendidos? Desejaríeis que eu estas cenas
Expusesse em roupagens distintas?
Ou que as explicitasse de forma mais sucinta?
Três coisas proponho, e assim as faço objeto
Para aqueles que sobre mim são diletos.

1. Não me foi negado este recurso
Desse meu método, portanto, não abuso
De colocá-lo em palavras e imagens, ou sou rude
Na aplicação de figuras ou similitudes.
Mas, com todas as forças que puder empregar,
Busco a promoção da verdade no seu caminhar.
Negado, disse eu? Não! Na verdade, o direito tenho
(Igualmente o exemplo,
daqueles que por seu desempenho
Mais agradaram a Deus por seus modos
Do que qualquer irmão com seus postulados.)
A assim expressar meus pensamentos e de declarar
As coisas mais excelentes que se pode encontrar.

5 "Mantém o padrão das sãs palavras que de mim ouviste com fé e com o amor que está em Cristo Jesus" (2 TIMÓTEO 1:13).

2. Homens (altos como as árvores)
em diálogos escreverão
Nem por isso os outros os desprezarão.
De fato, se a verdade tratarem com violência,
Malditos sejam eles e sua arte por tal insolência.
Porém, que seja livre a verdade
Para arrebatar toda a irmandade
Da forma que mais a Deus agradar.
Quem sabe mais do que Aquele que nos ensinou a arar,

Como nossa mente orientar para Seu propósito?
Ele torna o simples em precioso depósito.

3. Em muitos lugares encontro santos escritos
Semelhantemente a esses métodos descritos
Onde uma coisa representa outra.
Assim posso usá-los, mas de forma douta.
Que não apague da verdade os feixes dourados,
E seus raios mais claros que o dia sejam revelados!

Agora, antes de minha caneta eu depor,
Mostrarei do meu livro o grande valor.
E deixar-vos-ei, e a ele, na divina mão,
Que levanta o fraco e o forte lança ao chão.

Diante de vós expõe este caderno
O homem que busca o prêmio eterno.[6]

---

6 "...prossigo para o alvo, para o prêmio da soberana vocação de Deus em Cristo Jesus" (FILIPENSES 3:14).

Mostra-vos de onde veio e para onde vai,
O que deixou de fazer e aquilo que faz.
Demonstra o quanto correu o mortal
Até que chegou do Céu o portal.

Mostra quem começou com determinação,
A corrida pela coroa da eterna salvação.
Aqui também podeis ver claramente o motivo
De morrerem em seu labor pelo santo objetivo.

Este livro vos fará viajantes do Senhor
Se por seus conselhos demonstrardes amor.
Ele vos orientará às Eternas Mansões
Se compreenderdes suas orientações.
Ao indolente, cedo despertará,
E o cego a deleitosa luz verá.

Buscais assim algo raro e proveitoso?
A verdade numa fábula vos seria ditoso?
Sois esquecidos? Ou vos esforçareis em lembrar
Desde o primeiro de janeiro até o ano acabar?
Então, lede minhas fantasias,
que como carrapichos se apegam
Trazendo consolo ao desesperado
e o encorajamento carregam.

Este livro é escrito em tal linguagem
Que a mente dos apáticos leva a uma viagem.
Parece novidade, mas em si nada encerra
Além do santo evangelho que jamais erra.

O Peregrino

Estais buscando afastar-vos da melancolia?
Visais ao prazer, mas longe da insensata utopia?
Quereis ler enigmas e depois sua explicação?
Ou afogar-vos em vossa contemplação?
Preferis consumir carne? Ou, ao contrário, escutar
Um homem com a cabeça nas nuvens a divagar?
Escolheríeis estar num sonho, mas sem dormir?
Ou, num momento chorar e no outro rir?
Seríeis permissivos e correríeis perigo,
De encontrar-vos a vós mesmos sem sentido?
Leríeis sozinhos, e leríeis sem discernimento,
Sem saberdes se vos traz bênção tal entretenimento?
Ó, vinde todos para cá então,
Trazei a meu livro vossa mente e coração.

Cristão

CAPÍTULO 1

Enquanto atravessava o deserto deste mundo, aproximei-me de um certo lugar onde havia uma caverna,[1] deitei-me naquele local para dormir e tive um sonho. Em meu sonho vi um homem vestido de trapos com o rosto virado para sua casa; segurava um livro na mão e um grande fardo nas costas.[2] Eu vi o homem abrir o livro e ler; enquanto lia, chorou, tremeu e clamou tristemente: "O que devo fazer?".[3]

Nessa condição perturbadora, o homem voltou para casa, determinado a não contar seus sentimentos para a família, pois não queria que eles vissem sua angústia; mas ele não poderia ficar em silêncio por muito tempo porque estava em profunda confusão. Finalmente, contou à esposa e aos filhos o que estava em sua mente: "Minha querida esposa e filhos", disse, "estou muito preocupado com este fardo que levo sobre meus ombros. Além disso, fui informado que nossa cidade será destruída por fogo vindo do Céu; e nesta terrível destruição, eu e vocês, minha esposa e meus queridos filhos, devemos perecer, a menos que consigamos encontrar algum modo de escapar ou nos libertarmos. E, neste momento, não vejo solução".

A família ficou impressionada com suas palavras. Não porque acreditava no que ele havia dito, mas porque pensaram que estivesse com problemas mentais. A noite já se aproximava e esperavam que o sono pudesse

---

1 Prisão de Bedford em que Banyan passou 12 anos encarcerado.

2 "Mas todos nós somos como o imundo, e todas as nossas justiças, como trapo da imundícia; todos nós murchamos como a folha, e as nossas iniquidades, como um vento, nos arrebatam" (ISAÍAS 64:6).

"Assim, pois, todo aquele que dentre vós não renuncia a tudo quanto tem não pode ser meu discípulo" (LUCAS 14:33).

"Pois já se elevam acima de minha cabeça as minhas iniquidades; como fardos pesados, excedem as minhas forças" (SALMO 38:4).

"O Senhor me respondeu e disse: Escreve a visão, grava-a sobre tábuas, para que a possa ler até quem passa correndo" (HABACUQUE 2:2).

"Responderam-lhe: Crê no Senhor Jesus e serás salvo, tu e tua casa" (ATOS 16:31).

3 "Ouvindo eles estas coisas, compungiu-se-lhes o coração e perguntaram a Pedro e aos demais apóstolos: Que faremos, irmãos?" (ATOS 2:37).

ordenar seus pensamentos. Por isso, colocaram-no na cama o mais rápido que puderam. Mas a noite foi tão perturbadora para ele quanto o dia; em vez de dormir, ele permaneceu acordado, chorando e suspirando. Quando amanheceu, perguntaram-lhe como se sentia e ele lhes respondeu: "Cada vez pior". E começou a falar as mesmas coisas do dia anterior. Acreditando que poderiam afastar essa loucura com atitudes rigorosas, começaram a zombar dele, a repreendê-lo e, algumas vezes, a ignorá-lo. Por isto, aquele homem começou a isolar-se em seu quarto para orar a fim de que Deus se compadecesse de sua família e de sua própria desgraça. Ele também caminhava pelos bosques, algumas vezes lendo, outras orando. Por muitos dias, essa foi sua rotina.

Em meu sonho vi que, certo dia, enquanto ele caminhava pelos campos lendo o livro, ficou mais angustiado. Enquanto lia, clamou com mais fervor: "O que devo fazer para ser salvo?".[4]

Tão logo Cristão o mundo deixou, encontrou
Evangelista, que amavelmente o saudou
Com as novas do porvir; e o prostrado
A este se elevou, renegando seu vil estado.

4 Atos 16:30,31

Ele olhava para todos os lados, como se quisesse fugir correndo para algum lugar, mas não sabia exatamente para onde. Então viu um homem chamado Evangelista, este se aproximando perguntou: "Por que você chora?".

O homem respondeu: "Senhor, este livro mostra que estou condenado a morrer, e depois disso serei julgado. E descobri que não estou disposto a morrer,[5] nem quero ser julgado".[6]

Evangelista retrucou: "Por que você não quer encontrar-se com a morte se a sua vida é cheia de maldade?". O homem respondeu: "Temo que este fardo sobre meus ombros seja tão pesado que me faria atravessar o túmulo e cairia direto no inferno.[7] E, senhor, não desejo ser julgado e muito menos executado; pensar nessa hipótese me faz chorar".

Então Evangelista disse: "Se esta é a sua condição, por que continua aqui?". O homem respondeu: "Não sei para onde ir". A seguir, Evangelista lhe deu um pergaminho, no qual estava escrito: "Fuja da ira vindoura".[8]

---

5 "...para que ele mantenha o direito do homem contra o próprio Deus e o do filho do homem contra o seu próximo. Porque dentro de poucos anos eu seguirei o caminho de onde não tornarei" (JÓ 16:21,22).

6 "Estarão fortes as tuas mãos, nos dias em que eu vier a tratar contigo? Eu, o SENHOR, o disse e o farei" (EZEQUIEL 22:14).

7 "Porque há muito está preparada a fogueira, preparada para o rei; a pira é profunda e larga, com fogo e lenha em abundância; o assopro do SENHOR, como torrente de enxofre, a acenderá" (ISAÍAS 30:33).

8 Mateus 3:7

O homem leu a mensagem e olhando cuidadosamente para Evangelista, perguntou: "Para onde vou?". Evangelista apontou para um campo bem amplo e disse: "Você consegue ver aquele portão estreito?".[9] O homem respondeu que não. Evangelista continuou: "Você enxerga aquela luz?".[10] O homem disse: "Acho que sim". Evangelista aconselhou: "Mantenha o olhar naquela luz e caminhe em sua direção, assim, você conseguirá ver o portão. Bata e você receberá as instruções sobre o que deverá fazer".

Então, em meu sonho, vi o homem começar a correr. Ele ainda não estava longe de casa quando a esposa e os filhos o viram e começaram a pedir que voltasse;[11] mas ele tapou os ouvidos e correu gritando: "Vida! Vida! Vida eterna!". Ele não olhou para trás enquanto dirigia-se ao meio da planície.

Os vizinhos também saíram para vê-lo correr; alguns o ridicularizaram, outros o ameaçaram e outros pediram que voltasse. Entre aqueles que falaram para voltar estavam dois homens que tentaram buscá-lo à força.[12] O nome de um era Obstinado e do outro Flexível.

---

9 "Entrai pela porta estreita (larga é a porta, e espaçoso, o caminho que conduz para a perdição, e são muitos os que entram por ela)" (MATEUS 7:13).

10 "Lâmpada para os meus pés é a tua palavra e, luz para os meus caminhos" (SALMO 119:105).

"Temos, assim, tanto mais confirmada a palavra profética, e fazeis bem em atendê-la, como a uma candeia que brilha em lugar tenebroso, até que o dia clareie e a estrela da alva nasça em vosso coração" (2 PEDRO 1:19).

11 "Se alguém vem a mim e não aborrece a seu pai, e mãe, e mulher, e filhos, e irmãos, e irmãs e ainda a sua própria vida, não pode ser meu discípulo" (LUCAS 14:26).

12 "Porque ouvi a murmuração de muitos: Há terror por todos os lados! Denunciai, e o denunciaremos! Todos os meus íntimos amigos que aguardam de mim que eu tropece dizem: Bem pode ser que se deixe persuadir; então, prevaleceremos contra ele e dele nos vingaremos" (JEREMIAS 20:10).

Obstinado

O homem abriu uma boa vantagem de distância deles; mas estes decidiram persegui-lo e conseguiram alcançá-lo. Então o homem perguntou: "Vizinhos, por que vieram?". Eles responderam: "Para persuadi-lo a retornar conosco". Mas ele contestou: "Não podem fazer isso. Vocês moram na Cidade da Destruição, cidade em que nasci. Se lá morrerem, cedo ou tarde, serão enterrados em um local mais profundo que a tumba, onde se queima com fogo e enxofre. Animem-se, bons vizinhos, acompanhem-me nessa jornada".

OBSTINADO: O quê?! E deixar para trás nossos amigos e nossa vida confortável?

"Sim", disse Cristão (esse era o nome do homem), "porque TUDO que abandonarem[13] não será digno de ser comparado ao pouco do que estou buscando; se vierem comigo e seguirem minhas ações, há abundância[14] no lugar para onde vou. Venham comigo e comprovem que falo a verdade".

OBSTINADO: O que você procura, que exige abandonar o mundo para ser encontrado?

CRISTÃO: Procuro uma herança que nunca pereça, estrague ou desapareça.[15] Uma herança que está guardada no Céu[16] a ser

---

13 "...não atentando nós nas coisas que se veem, mas nas que se não veem; porque as que se veem são temporais, e as que se não veem são eternas" (2 CORÍNTIOS 4:18).

14 "Então, caindo em si, disse: Quantos trabalhadores de meu pai têm pão com fartura, e eu aqui morro de fome!" (LUCAS 15:17).

15 "...para uma herança incorruptível, sem mácula, imarcescível, reservada nos céus para vós outros..." (1 PEDRO 1:4).

16 "Mas, agora, aspiram a uma pátria superior, isto é, celestial. Por isso, Deus não se envergonha deles, de ser chamado o seu Deus, porquanto lhes preparou uma cidade" (HEBREUS 11:16).

outorgada no tempo determinado àqueles que a buscam diligentemente. Leia sobre isso em meu livro.

OBSTINADO: Que bobagem! Não me importo com seu livro. Você voltará conosco ou não?

CRISTÃO: Não, não irei, já coloquei minha mão no arado.[17]

OBSTINADO: Então, irmão Flexível, voltemos para casa sem ele. Homens tolos assim são tão presunçosos que acreditam ter mais discernimento do que sete homens que podem dar boas razões por que estão errados.[18]

FLEXÍVEL: Não seja grosseiro. Se o que o bom Cristão diz sobre as coisas que ele procura for verdade, talvez eu decida ir com ele.

OBSTINADO: O quê?! Outro tolo! Escute meu conselho e volte comigo. Nunca se sabe onde esse maluco o levará. Seja sábio e volte para casa.

CRISTÃO: Não, acompanhe-me, Flexível. As coisas que lhe falei estão esperando, e outras tantas coisas maravilhosas. Se não crê no que digo, leia neste livro; e a verdade dita será confirmada pelo sangue daquele que o escreveu.[19]

---

17 "Mas Jesus lhe replicou: Ninguém que, tendo posto a mão no arado, olha para trás é apto para o reino de Deus" (LUCAS 9:62).

18 "Mais sábio é o preguiçoso a seus próprios olhos do que sete homens que sabem responder bem" (PROVÉRBIOS 26:16).

19 "Ora, o Deus da paz, que tornou a trazer dentre os mortos a Jesus, nosso Senhor, o grande Pastor das ovelhas, pelo sangue da eterna aliança, vos aperfeiçoe em todo o bem, para cumprirdes a sua vontade, operando em vós o que é agradável diante dele, por Jesus Cristo, a quem seja a glória para todo o sempre. Amém!" (HEBREUS 13:20,21).

"...pois um testamento só é confirmado no caso de mortos; visto que de maneira nenhuma tem força de lei enquanto vive o testador. Pelo que nem a primeira aliança foi sancionada sem sangue; porque, havendo Moisés

Flexível

FLEXÍVEL: Bem, vizinho Obstinado, acompanharei este bom homem e buscarei minha sorte; mas, meu bom companheiro, você sabe o caminho para este lugar desejado?

CRISTÃO: Encontrei um homem, chamado Evangelista, que me instruiu a chegar àquele portão estreito que está a nossa frente, onde receberemos as instruções sobre o caminho.

FLEXÍVEL: Vamos, bom vizinho, continuemos nossa jornada.

Flexível e Cristão continuaram seu caminho.

OBSTINADO: Quanto a mim, voltarei para casa. Não quero como companhia dois homens tolos e influenciáveis.

Vi em meu sonho que quando Obstinado partiu, Cristão e Flexível continuaram o trajeto conversando.

CRISTÃO: Vizinho Flexível, estou feliz porque você decidiu me acompanhar. Se Obstinado sentisse o que senti do poder e terror que ainda estão invisíveis, não teria dado as suas costas a nós de maneira tão rápida.

FLEXÍVEL: Venha vizinho Cristão, pois estamos só nós dois aqui neste momento, conte-me sobre onde vamos e o que desfrutaremos lá.

CRISTÃO: Consigo imaginar melhor na mente do que traduzir em palavras; mas como você deseja saber, lerei para você deste meu livro.

FLEXÍVEL: E você acredita que as palavras desse seu livro são verdadeiras?

---

proclamado todos os mandamentos segundo a lei a todo o povo, tomou o sangue dos bezerros e dos bodes, com água, e lã tinta de escarlate, e hissopo e aspergiu não só o próprio livro, como também sobre todo o povo, dizendo: Este é o sangue da aliança, a qual Deus prescreveu para vós outros. Igualmente também aspergiu com sangue o tabernáculo e todos os utensílios do serviço sagrado. Com efeito, quase todas as coisas, segundo a lei, se purificam com sangue; e, sem derramamento de sangue, não há remissão" (HEBREUS 9:17-21).

CRISTÃO: Com certeza! Este livro foi escrito por Aquele que não pode mentir.[20]

FLEXÍVEL: Muito bem. Conte-me mais sobre este lugar.

CRISTÃO: Existe um reino que não acabará e receberemos vida eterna para podermos habitar nesse reino para sempre.[21]

FLEXÍVEL: Muito bem. E o que mais?

CRISTÃO: Receberemos coroas de glória e vestes brilhantes como o Sol quando chegarmos no Céu.[22]

FLEXÍVEL: Parece um lugar aprazível. Quero saber mais.

CRISTÃO: Não haverá mais choro nem dor nesse lugar para onde estamos indo, porque o Senhor do reino enxugará toda lágrima dos nossos olhos.[23]

FLEXÍVEL: E quem mais estará lá?

---

20 "...na esperança da vida eterna que o Deus que não pode mentir prometeu antes dos tempos eternos..." (TITO 1:2).

21 "Israel, porém, será salvo pelo SENHOR com salvação eterna; não sereis envergonhados, nem confundidos em toda a eternidade" (ISAÍAS 45:17).

"As minhas ovelhas ouvem a minha voz; eu as conheço, e elas me seguem. Eu lhes dou a vida eterna; jamais perecerão, e ninguém as arrebatará da minha mão. Aquilo que meu Pai me deu é maior do que tudo; e da mão do Pai ninguém pode arrebatar" (JOÃO 10:27-29).

22 "Já agora a coroa da justiça me está guardada, a qual o Senhor, reto juiz, me dará naquele Dia; e não somente a mim, mas também a todos quantos amam a sua vinda" (2 TIMÓTEO 4:8).

"Tens, contudo, em Sardes, umas poucas pessoas que não contaminaram as suas vestiduras e andarão de branco junto comigo, pois são dignas" (APOCALIPSE 3:4).

"Então, os justos resplandecerão como o sol, no reino de seu Pai. Quem tem ouvidos [para ouvir], ouça" (MATEUS 13:43).

23 "Tragará a morte para sempre, e, assim, enxugará o SENHOR Deus as lágrimas de todos os rostos, e tirará de toda a terra o opróbrio do seu povo, porque o SENHOR falou" (ISAÍAS 25:8).

CRISTÃO: Estaremos com serafins e querubins, criaturas que encantarão nossos olhos. Também encontraremos milhares e centenas de milhares de pessoas que foram antes de nós para esse lugar. Nenhuma delas é grosseira, mas são amáveis e santas; cada uma delas caminha à vista de Deus e permanece em Sua presença para sempre. Lá veremos anciãos com suas coroas de ouro; santas virgens com suas harpas douradas; e homens e mulheres que foram esquartejados, queimados em fogueiras, devorados por feras, afogados no mar, por causa do amor que eles têm pelo Senhor desse lugar. Todos estarão bem e revestidos com imortalidade.[24]

"...pois o Cordeiro que se encontra no meio do trono os apascentará e os guiará para as fontes da água da vida. E Deus lhes enxugará dos olhos toda lágrima" (APOCALIPSE 7:17).

"E lhes enxugará dos olhos toda lágrima, e a morte já não existirá, já não haverá luto, nem pranto, nem dor, porque as primeiras coisas passaram" (APOCALIPSE 21:4).

24 "Serafins estavam por cima dele; cada um tinha seis asas: com duas cobria o rosto, com duas cobria os seus pés e com duas voava" (ISAÍAS 6:2).

"Porquanto o Senhor mesmo, dada a sua palavra de ordem, ouvida a voz do arcanjo, e ressoada a trombeta de Deus, descerá dos céus, e os mortos em Cristo ressuscitarão primeiro; depois, nós, os vivos, os que ficarmos, seremos arrebatados juntamente com eles, entre nuvens, para o encontro do Senhor nos ares, e, assim, estaremos para sempre com o Senhor" (1 TESSALONICENSES 4:16,17).

"...pois o Cordeiro que se encontra no meio do trono os apascentará e os guiará para as fontes da água da vida. E Deus lhes enxugará dos olhos toda lágrima" (APOCALIPSE 7:17).

"Ao redor do trono, há também vinte e quatro tronos, e assentados neles, vinte e quatro anciãos vestidos de branco, em cujas cabeças estão coroas de ouro" (APOCALIPSE 4:4).

"Olhei, e eis o Cordeiro em pé sobre o monte Sião, e com ele cento e quarenta e quatro mil, tendo na fronte escrito o seu nome e o nome de seu

FLEXÍVEL: Ouvir sobre essas coisas já é suficiente para alegrar o coração de alguém. Mas como compartilharemos e desfrutaremos delas?

CRISTÃO: O Senhor, o governante do país para onde vamos, escreveu as instruções neste livro. Se, sinceramente, desejarmos fazer parte deste reino, Ele nos concederá gratuitamente.[25]

Pai. Ouvi uma voz do céu como voz de muitas águas, como voz de grande trovão; também a voz que ouvi era como de harpistas quando tangem a sua harpa. Entoavam novo cântico diante do trono, diante dos quatro seres viventes e dos anciãos. E ninguém pôde aprender o cântico, senão os cento e quarenta e quatro mil que foram comprados da terra. São estes os que não se macularam com mulheres, porque são castos. São eles os seguidores do Cordeiro por onde quer que vá. São os que foram redimidos dentre os homens, primícias para Deus e para o Cordeiro; e não se achou mentira na sua boca; não têm mácula" (APOCALIPSE 14:1-5).

"Quem ama a sua vida perde-a; mas aquele que odeia a sua vida neste mundo preservá-la-á para a vida eterna" (JOÃO 12:25).

"E, por isso, neste tabernáculo, gememos, aspirando por sermos revestidos da nossa habitação celestial; se, todavia, formos encontrados vestidos e não nus. Pois, na verdade, os que estamos neste tabernáculo gememos angustiados, não por querermos ser despidos, mas revestidos, para que o mortal seja absorvido pela vida. Ora, foi o próprio Deus quem nos preparou para isto, outorgando-nos o penhor do Espírito" (2 CORÍNTIOS 5:2-5).

25 "Ah! Todos vós, os que tendes sede, vinde às águas; e vós, os que não tendes dinheiro, vinde, comprai e comei; sim, vinde e comprai, sem dinheiro e sem preço, vinho e leite. Por que gastais o dinheiro naquilo que não é pão, e o vosso suor, naquilo que não satisfaz? Ouvi-me atentamente, comei o que é bom e vos deleitareis com finos manjares. [...] Saireis com alegria e em paz sereis guiados; os montes e os outeiros romperão em cânticos diante de vós, e todas as árvores do campo baterão palmas" (ISAÍAS 55:1,2,12).

"No último dia, o grande dia da festa, levantou-se Jesus e exclamou: Se alguém tem sede, venha a mim e beba. Quem crer em mim, como diz a Escritura, do seu interior fluirão rios de água viva" (JOÃO 7:37).

FLEXÍVEL: Estou feliz ao ouvir essas coisas. Vamos nos apressar.

CRISTÃO: Não consigo ir tão rápido como gostaria devido a este fardo em minhas costas.

Agora, vi em meu sonho que, assim que terminaram a conversa, chegaram a um pântano muito lodoso que estava no meio da planície e como não prestaram atenção no trajeto caíram no Pântano do Desânimo. Cobertos de lama, eles debateram-se por um tempo; e Cristão, por causa do peso em suas costas, começou a afundar no lamaçal.

FLEXÍVEL: Onde você está agora, vizinho Cristão?

CRISTÃO: Na verdade, não sei.

Naquele momento, descontente e irritado, Flexível disse para Cristão: "Esta é a felicidade que você me falou todo esse tempo? Se estamos passando por esta provação no início da viagem, o que podemos esperar até o fim da nossa jornada? Se sair vivo deste pântano, você continuará sozinho esta viagem". E com desesperado esforço, Flexível conseguiu sair da lama pelo lado do pântano que ficava mais próximo a sua casa e Cristão não tornou a vê-lo.

Cristão foi deixado sozinho debatendo-se no Pântano do Desânimo. Embora não conseguisse sair, por causa do fardo em

---

"Todo aquele que o Pai me dá, esse virá a mim; e o que vem a mim, de modo nenhum o lançarei fora" (JOÃO 6:37).

suas costas, continuou lutando para sair pelo lado do lamaçal que ficava mais distante de sua casa e próximo ao portão estreito.

Em seguida, em meu sonho, vi um homem cujo nome era Auxílio que aproximou-se de Cristão e lhe perguntou: "O que você está fazendo aí?".

CRISTÃO: Senhor, fui orientado a ir por esta estrada por um homem chamado Evangelista, que me mostrou esse caminho para chegar à porta estreita e assim me livrar da ira vindoura. Estava caminhando para esse lugar e caí por aqui.

AUXÍLIO: Mas por que você não olhou os degraus?

CRISTÃO: Senti tanto medo que não prestei atenção e caí.

Auxílio então sugeriu: "Pegue a minha mão". Assim, Cristão agarrou a mão de Auxílio, que o tirou da lama, colocou-o em solo firme e o orientou a seguir seu caminho.[26]

Então, aproximei-me de Auxílio, que havia ajudado Cristão a sair do lamaçal e perguntei: "Senhor, já que esse é o caminho da Cidade da Destruição para a porta estreita, por que não consertaram essa parte do trajeto, ajudando os humildes viajantes a seguir por esta estrada com mais segurança?".

E Auxílio me explicou: "Este pântano lamacento não pode ser reparado. Nele é onde são armazenadas a escória e a sujeira da convicção de pecado, por isso é chamado de Pântano do Desânimo; pois, quando o pecador se torna ciente de sua condição de perdido, muitos medos, dúvidas e apreensões desencorajadoras surgem em sua alma; e todos esses sentimentos juntos se estabelecem nas profundezas deste lugar. E esta é a razão pelo mau estado deste solo.

---

26 "Tirou-me de um poço de perdição, de um tremedal de lama; colocou-me os pés sobre uma rocha e me firmou os passos" (SALMO 40:2).

“Não é o desejo do Rei que este local permaneça em tal estado.[27] Por mais de mil e seiscentos anos seus trabalhadores, sob a direção dos inspetores de Sua Majestade, têm vindo trabalhar neste pedaço de chão. Sim, e para meu conhecimento”, revelou Auxílio, “pelo menos vinte mil carradas — sim, milhões de saudáveis lições — foram aqui absorvidas. Aqueles que estão bem informados dizem que os melhores materiais têm sido empregados para tornar este solo uma boa terra. Mas ainda assim é o Pântano do Desânimo e continuará sendo, a despeito de tudo o que se possa fazer por ele.

“É verdade que, sob a orientação do Legislador, foram colocadas pedras que facilitam o deslocamento no meio do pântano. Mas existem momentos em que este lugar vomita sua sujeira, e dificilmente estas pedras podem ser vistas; ou se estão visíveis, os homens ficam confusos, passam por cima delas e ficam atolados apesar das pedras estarem lá. Mas, uma vez que eles alcancem o portão, o solo é bom.”[28]

A certa altura, em meu sonho vi que Flexível retornara à sua casa e seus vizinhos vieram visitá-lo; e alguns deles o chamaram de sábio por ter voltado, e outros o chamaram de louco por arriscar-se com Cristão. Outros zombaram dele por sua covardia, dizendo: “Certamente, já que começara a aventura, não deveria ter voltado por causa de algumas dificuldades. Eu não teria feito isso”. Desse modo, Flexível sentou-se retraidamente entre eles. Mas, com o tempo, quando recobrou mais confiança, todos mudaram o tom e começaram a ridicularizar o pobre Cristão pelas costas. E, assim, deixaram Flexível.

---

27 “Falai ao coração de Jerusalém, bradai-lhe que já é findo o tempo da sua milícia, que a sua iniquidade está perdoada e que já recebeu em dobro das mãos do SENHOR por todos os seus pecados” (ISAÍAS 40:2).

28 “Quanto a mim, longe de mim que eu peque contra o SENHOR, deixando de orar por vós; antes, vos ensinarei o caminho bom e direito” (1 SAMUEL 12:23).

Enquanto caminhava sozinho, Cristão avistou ao longe um homem vindo em sua direção até que seus caminhos se cruzaram. O nome desse cavalheiro era Sábio-Segundo-o-Mundo, que vivia em Prudência Carnal, uma grande cidade localizada perto de onde Cristão tinha vindo.

Portanto, esse homem conhecia Cristão, pois muito se falara sobre sua saída da Cidade da Destruição. Não somente naquele lugar onde ele tinha vivido, mas nas cidades vizinhas. Assim, Sábio-Segundo-o-Mundo chegou a algumas conclusões sobre ele. Após observar a dificuldade do caminho, os suspiros e gemidos de Cristão, começou a conversar com ele.

SÁBIO-SEGUNDO-O-MUNDO: Olá, meu bom homem, para onde vai com tamanho fardo?

CRISTÃO: Realmente, é um fardo muito grande, um peso que nenhuma criatura jamais carregou! E já que me perguntou onde estou indo, respondo-lhe que vou até aquela portinhola estreita; pois me disseram que lá poderei descarregar meu pesado fardo.

SÁBIO-SEGUNDO-O-MUNDO: Você tem esposa e filhos?

CRISTÃO: Sim, mas este fardo me sobrecarrega a ponto de não poder apreciá-los como antes. É como se não existissem.[29]

SÁBIO-SEGUNDO-O-MUNDO: Você me dará atenção se lhe der um conselho?

CRISTÃO: Sim, se for bom, pois faz-me falta um bom conselho.

SÁBIO-SEGUNDO-O-MUNDO: Gostaria de sugerir-lhe abandonar este fardo imediatamente, pois enquanto não o fizer sua mente não ficará em paz e não poderá desfrutar dos benefícios das bênçãos que Deus tem derramado sobre você.

---

29 "Isto, porém, vos digo, irmãos: o tempo se abrevia; o que resta é que não só os casados sejam como se o não fossem" (1 CORÍNTIOS 7:29).

Sábio-Segundo-o-Mundo

CRISTÃO: É isto que estou procurando: livrar-me deste pesado fardo. Mas não consigo, e não existe qualquer homem em nosso país que possa tirá-lo de meus ombros. Portanto, como lhe disse: estou nessa jornada para me livrar deste fardo.

SÁBIO-SEGUNDO-O-MUNDO: Quem lhe disse que seguir por este caminho o ajudaria a livrar-se de seu fardo?

CRISTÃO: Um homem que me pareceu muito nobre e honrado. Seu nome era Evangelista.

SÁBIO-SEGUNDO-O-MUNDO: Ele foi um péssimo conselheiro! Não há caminho mais perigoso e acidentado do mundo do que este que ele lhe indicou e você descobrirá isso se seguir o conselho dele. Na verdade, você já o deve ter encontrado, pois vejo em você as manchas do Pântano do Desânimo. Mas aquele pântano é apenas o princípio dos males para aqueles que vão por esse caminho. Ouça-me! Sou mais velho do que você. Provavelmente você encontrará cansaço, dor, fome, perigo, nudez, espada, leões, dragões, trevas e, numa só palavra, morte! Essas coisas foram confirmadas por muitos testemunhos. Então, por que confiar sua vida, despreocupadamente, nas palavras de um completo estranho?

CRISTÃO: Porque, senhor, este fardo sobre minhas costas é muito mais terrível para mim do que todos os males que você mencionou. Não, não me importo em sofrer essas coisas se no fim libertar-me deste fardo.

SÁBIO-SEGUNDO-O-MUNDO: Para começar, de que maneira você adquiriu este fardo?

CRISTÃO: Pela leitura deste livro em minhas mãos.

SÁBIO-SEGUNDO-O-MUNDO: Bem que imaginei! Aconteceu com você o que acontece aos homens fracos que, comprometendo-se com coisas inatingíveis para eles, repentinamente se confundem. Tal confusão não apenas enerva os homens, como enervou você, mas os envia para caminhos desesperados à procura do que nem eles sabem.

CRISTÃO: Mas eu sei o que procuro: aliviar-me deste pesado fardo.

SÁBIO-SEGUNDO-O-MUNDO: Mas por que procura alívio neste caminho perigoso? Desde que tenha paciência para me ouvir, posso direcioná-lo ao que deseja sem os perigos deste caminho pelo qual você está seguindo. Sim, a solução está ao alcance, e não envolve tais perigos. Em vez disso, você encontrará muita segurança, amizade e satisfação.

CRISTÃO: Imploro, senhor, conte-me esse segredo.

SÁBIO-SEGUNDO-O-MUNDO: Preste atenção. Naquela aldeia próxima, chamada Moralidade, existe um homem sensato e honrado. Seu nome é Legalidade. Ele tem a habilidade de ajudar os homens a livrar-se de fardos como o seu. Pelo que sei, ele tem feito muita coisa boa neste sentido e tem habilidade para curar aqueles que estão de alguma forma perturbados com seus fardos. Você pode procurá-lo e pedir sua ajuda. A casa dele não está muito distante daqui e se ele não estiver em casa, seu jovem e atraente filho, Civilidade, poderá ajudá-lo tão bem quanto o seu experiente pai.

Em Moralidade você sentirá alívio do seu fardo. E se você não quiser voltar para sua antiga habitação o que, na verdade, eu não gostaria que voltasse, poderá buscar sua esposa e filhos para juntarem-se a você nesta vila, onde há casas disponíveis a preços razoáveis. Tudo o que precisa para ter uma vida feliz será providenciado lá e você viverá entre vizinhos honestos. Cristão ficou paralisado por um momento; mas logo concluiu que se esse cavalheiro dizia a verdade, seria sábio dar ouvidos ao seu conselho.

CRISTÃO: Senhor, qual o caminho para a casa desse homem honesto?

SÁBIO-SEGUNDO-O-MUNDO: Consegue ver aquela montanha?

CRISTÃO: Sim, vejo-a claramente.

SÁBIO-SEGUNDO-O-MUNDO: Passe aquela montanha e a primeira casa que encontrar é a dele.

Cristão desviou-se do caminho em direção à casa de Legalidade à procura de ajuda. Mas ao aproximar-se da montanha achou-a tão alta e íngreme que ficou com medo de seguir adiante e ela despencar sobre sua cabeça. Ficou ali parado sem saber o que fazer. Além do mais, o fardo lhe parecia mais pesado do que antes. De repente, raios de fogo surgiam da montanha e Cristão ficou com medo de se queimar.[30] Ele começou a suar e tremer de medo.[31]

Quando os cristãos aos homens carnais ouvidos dão,
Saem do seu caminho e alto preço pagarão:
O Sábio-Segundo-o-Mundo pode apenas mostrar
Ao santo o caminho da aflição para o escravizar.

Cristão começou a arrepender-se por ter aceitado o conselho de Sábio-Segundo-o-Mundo. Nesse momento, viu Evangelista vir em sua direção e sentiu o rosto enrubescer de vergonha. Evangelista aproximou-se de Cristão, com expressão severa e amedrontadora, e em seguida, começou a discutir com Cristão.

EVANGELISTA: O que está fazendo aqui, Cristão?

---

30 "Ao amanhecer do terceiro dia, houve trovões, e relâmpagos, uma espessa nuvem sobre o monte, e mui forte clangor de trombeta, de maneira que todo o povo que estava no arraial se estremeceu. [...] Todo o monte Sinai fumegava, porque o SENHOR descera sobre ele em fogo; a sua fumaça subiu como fumaça de uma fornalha, e todo o monte tremia grandemente" (ÊXODO 19:16,18).

31 "Na verdade, de tal modo era horrível o espetáculo, que Moisés disse: Sinto-me aterrado e trêmulo!" (HEBREUS 12:21).

Cristão não sabia o que dizer e permaneceu sem palavras diante dele.

EVANGELISTA: Você não é aquele que encontrei chorando fora dos muros da Cidade da Destruição?

CRISTÃO: Sim, caro senhor, sou esse homem.

EVANGELISTA: Eu não mostrei a você o caminho até a portinhola?

CRISTÃO: Sim, caro senhor.

EVANGELISTA: Como, então, mudou tão rapidamente o rumo? Agora está no caminho errado.

CRISTÃO: Assim que saí do Pântano do Desânimo encontrei um homem gentil que me persuadiu que naquela aldeia à frente havia um homem que poderia retirar o meu fardo.

EVANGELISTA: Quem era?

CRISTÃO: Ele parecia um cavalheiro gentil. Conversamos bastante, e ele me fez finalmente ceder, e então vim aqui. Mas quando me aproximei da montanha e notei que ela parecia desabar sobre o caminho, parei repentinamente, para que não caísse em minha cabeça.

EVANGELISTA: O que ele lhe disse?

CRISTÃO: Perguntou-me a razão de estar seguindo naquela direção, e eu lhe respondi.

EVANGELISTA: E como ele reagiu?

CRISTÃO: Perguntou se eu tinha uma família. Respondi-lhe que sim, mas também lhe disse que estava tão sobrecarregado com meu fardo em minhas costas e que isso me impedia de regozijar-me com eles como no passado.

EVANGELISTA: E o que ele lhe disse?

CRISTÃO: Ele sugeriu que me livrasse do meu fardo rapidamente, e lhe respondi que queria livrar-me dele e que estava indo para a porta estreita a fim de receber instruções complementares sobre como poderia chegar ao local da libertação. Então, ele disse que me indicaria um caminho melhor, mais curto e menos acidentado do que aquele que o senhor havia me mostrado. Que me direcionaria a um cavalheiro que tinha atributos para tirar estes fardos, e acreditei nele. Mas quando me aproximei deste lugar e vi como as coisas eram, parei porque tive medo e era perigoso. Agora, não sei o que fazer.

Então, Evangelista disse: "...espera que te farei saber a palavra de Deus".

Com muito medo, Cristão permaneceu no local.

Evangelista continuou, citando um texto bíblico: "Tende cuidado, não recuseis ao que fala. Pois, se não escaparam aqueles que recusaram ouvir quem, divinamente, os advertia sobre a Terra, muito menos nós, os que nos desviamos daquele que dos Céus nos adverte".[32] Além disso, Deus fala: "...todavia, o meu justo viverá pela fé; e: Se retroceder, nele não se compraz a minha alma".[33] Você é um homem que vive esse sofrimento. Iniciou rejeitando o conselho do Altíssimo e abandonou o caminho da paz, quase chegando ao ponto de perdição.

Em seguida, Cristão prostrou-se aos pés de Evangelista clamando: "...ai de mim! Estou perdido!".

Ao ver isso, Evangelista tomou sua mão direita, dizendo-lhe: "...todo pecado e blasfêmias serão perdoados aos homens". "Não sejas incrédulo, mas crente."[34]

Cristão se recuperou e se levantou ainda temeroso e envergonhado, e Evangelista continuou falando.

EVANGELISTA: Leve a sério as coisas que lhe contarei, pois agora vou mostrar-lhe quem o iludiu e para quem ele o estava conduzindo.

---

32 Hebreus 12:25

33 Hebreus 10:38

34 João 20:27

O homem que você conheceu chama-se Sábio-Segundo-o-Mundo. Seu nome é muito apropriado; em parte porque ele gosta somente da doutrina deste mundo,[35] motivo pelo qual ele vai à igreja da Cidade de Moralidade, e em parte porque ele ama mais aquela doutrina, pois ela o poupa da cruz.[36] E por ter natureza carnal, procura perverter meus caminhos, apesar de serem corretos. Existem três pontos no conselho desse homem que você deve absolutamente abominar.

Primeiro, ele o desviou do caminho; segundo, tentou tornar a cruz abominável a você; e em terceiro, conduziu-o na vereda que leva à morte.

Você deve primeiramente abominar que ele o tenha feito se desviar do caminho — sim, e o fato de você concordar em agir assim — porque fazer isto é rejeitar o conselho de Deus pelo conselho do Sábio-Segundo-o-Mundo. O Senhor diz: "Esforçai-vos por entrar pela porta estreita",[37] a porta para qual eu te enviei, "...porque estreita é a porta, e apertado, o caminho que conduz para vida, e são poucos os que acertam com ela".[38] Esse homem perverso o desviou da sua peregrinação para a portinhola, e, fazendo isso, quase o levou à destruição. Despreze, portanto, sua má influência ao tirá-lo do caminho e abomine-se por escutá-lo.

---

35 "Eles procedem do mundo; por essa razão, falam da parte do mundo, e o mundo os ouve" (1 JOÃO 4:5).

36 "Todos os que querem ostentar-se na carne, esses vos constrangem a vos circuncidardes, somente para não serem perseguidos por causa da cruz de Cristo" (GÁLATAS 6:12).

37 "Respondeu-lhes: Esforçai-vos por entrar pela porta estreita, pois eu vos digo que muitos procurarão entrar e não poderão" (LUCAS 13:24).

38 Mateus 7:14

Em seguida, você deve abominar suas tentativas de tornar-lhe a cruz repugnante, pois você deve desejá-la mais do que o tesouro do Egito.[39] Ademais, o Rei da Glória disse que "quem quiser salvar a sua vida, perdê-la-á"[40] e aquele que vai a Ele e "não aborrece a seu pai, e mãe, e mulher, e filhos, e irmãos e irmãs, e ainda a sua própria vida, não pode ser meu discípulo".[41] Portanto, você deve abominar qualquer doutrina que possa persuadi-lo de que essa verdade, sem a qual você não pode ter a vida eterna, será a sua morte.

Por último, você deve abominar a quem o induziu a tomar o caminho que leva à morte. E, nesse sentido, você deve considerar aquele a quem ele o enviou, e quão incapaz essa pessoa seria de livrá-lo do seu fardo.

Você foi enviado para Legalidade, o filho da mulher cativa, que está sob escravidão com os seus filhos.[42] Este é o mistério, o Monte Sinai que você temia que caísse em sua cabeça. No entanto, se elas e seus filhos estão cativos, como esperar que eles o livrem? Legalidade, portanto, não é capaz de libertá-lo do seu fardo. Nenhum homem

---

39 "...preferindo ser maltratado junto com o povo de Deus a usufruir prazeres transitórios do pecado; porquanto considerou o opróbrio de Cristo por maiores riquezas do que os tesouros do Egito, porque contemplava o galardão" (HEBREUS 11:25,26).

40 Marcos 8:35
"Quem ama a sua vida perde-a; mas aquele que odeia a sua vida neste mundo preservá-la-á para a vida eterna" (JOÃO 12:25).
"...nem de alforje para o caminho, nem de duas túnicas, nem de sandálias, nem de bordão; porque digno é o trabalhador do seu alimento" (MATEUS 10:39).

41 Lucas 14:26

42 "Dizei-me vós, os que quereis estar sob a lei: acaso, não ouvis a lei? Pois está escrito que Abraão teve dois filhos, um da mulher escrava e outro da livre.

jamais foi liberado do fardo por Legalidade, nem nunca o será. Você não pode ser justificado pelas obras da lei, pois esta não pode livrar nenhum homem de seu fardo. Assim, o Sr. Sábio-Segundo-o-Mundo é um estranho, o Sr. Legalidade é uma fraude e seu filho, Civilidade, nada mais é que um hipócrita e não pode ajudá-lo. Acredite em mim, o que você ouviu falar por meio destes homens insensatos, nada mais é que um projeto para enganá-lo, desviando-o do caminho para onde o enviei.

Depois disto, Evangelista clamou em alta voz aos Céus para confirmar o que dissera. Imediatamente, vieram palavras e fogo da montanha, estas fizeram o cabelo do pobre Cristão arrepiarem-se, pois os que são pela prática da lei estão debaixo de maldição, como está escrito: "Todos quantos, pois, são das obras da lei estão debaixo de maldição; porque está escrito: Maldito todo aquele que não permanece em todas as coisas escritas no Livro da lei, para praticá-las".[43] Agora, Cristão não esperava nada além da morte e começou a clamar com profunda tristeza, amaldiçoando o momento em que se encontrou com o Sr. Sábio-Segundo-o-Mundo e chamando a si mesmo de louco por ouvir seu conselho. Também sentiu muita vergonha ao pensar que os argumentos deste cavalheiro, fluindo apenas da carne, tinham prevalecido sobre ele, levando-o a abandonar

---

Mas o da escrava nasceu segundo a carne; o da livre, mediante a promessa. Estas coisas são alegóricas; porque estas mulheres são duas alianças; uma, na verdade, se refere ao monte Sinai, que gera para escravidão; esta é Agar. Ora, Agar é o monte Sinai, na Arábia, e corresponde à Jerusalém atual, que está em escravidão com seus filhos. Mas a Jerusalém lá de cima é livre, a qual é nossa mãe; porque está escrito: Alegra-te, ó estéril, que não dás à luz, exulta e clama, tu que não estás de parto; porque são mais numerosos os filhos da abandonada que os da que tem marido" (GÁLATAS 4:21-27).

43 Gálatas 3:10

o caminho certo. Feito isto, voltou-se novamente para as palavras de Evangelista.

CRISTÃO: Senhor, o que você pensa? Existe esperança? Posso voltar e continuar o trajeto até a portinhola? Peço perdão por seguir o conselho deste homem, mas o meu pecado pode ser perdoado?

EVANGELISTA: Seu pecado foi imenso, pois agiu mal duas vezes: desviou-se do que é bom e tomou caminhos proibidos. Cuide-se para que não se desvie novamente.[44] Entretanto, o porteiro o receberá, pois tem boa vontade para com os homens.

44 "Agora, pois, ó reis, sede prudentes; deixai-vos advertir, juízes da terra" (SALMO 2:12).

... Cenaud y remedio muy seguro, y este inconveni...

el Gno. de Montev.o q.e lo aleja[illegible] sin dud...

vez sus agentes adquiriran la bastante...

to de todos los recursos de aquella cos...

... sobre la Provincia de S.to Pedro, ...

... bien seguro. Tambie...

... un golpe sobr...

... [illegible] ...

CAPÍTULO 2

Em seguida, Cristão preparou-se para voltar, e Evangelista, depois de beijar-lhe, sorriu e lhe desejou uma jornada de sucesso. Deste modo, Cristão se apressou, sem falar com qualquer pessoa no caminho. Ele viajou rapidamente, como alguém que sabe que encontra-se em terreno perigoso, até chegar novamente ao local onde abandonou o caminho para seguir o conselho do Sr. Sábio-Segundo-o-Mundo. Nesse momento, Cristão alcançou o portão no qual estava escrito, "...batei, e abrir-se-vos-á".[1]

Aquele que aos portões deseja adentrar
Deve com firmeza bater, sem duvidar
Que lhe é garantida a entrada,
Pois Deus o ama e seu pecado apaga.

Posso agora aqui entrar? Haverá alguém postado
Que a porta me abra, mesmo em meu estado
De rebelde não merecedor? Assim, alegre cantarei,
A Ele os mais altos louvores eternos entoarei.

Finalmente, uma autoridade com o nome de Boa Vontade se aproximou do portão e perguntou quem estava ali, de onde viera e o que desejava.

CRISTÃO: Eu sou um pobre pecador com um fardo pesado. Venho da Cidade da Destruição, mas estou indo para o Monte Sião assim posso ser liberto da ira vindoura. Informaram-me que esta porta é o caminho àquele lugar e quero saber se você está disposto a deixar-me entrar.

BOA VONTADE: Com toda alegria no coração.

E, assim, abriu o portão.

Enquanto Cristão atravessava o portão, Boa Vontade o puxou

1 "Pois todo o que pede recebe; o que busca encontra; e, a quem bate, abrir-se-lhe-á" (MATEUS 7:7,8).

para dentro. Cristão perguntou: "Por que você fez isso?".

"Aqui perto deste portão", respondeu-lhe Boa Vontade, "está um castelo forte. Seu capitão é Belzebu; ele e seu bando atiram flechas naqueles que se aproximam deste portão. A intenção é matá-los antes que entrem".

Em seguida, Cristão diz: "eu me alegro e tremo".

Ao cruzar o portão, Boa Vontade perguntou quem o ensinou a chegar lá.

CRISTÃO: Evangelista instruiu-me a vir por este caminho e bater. Ele me disse que o senhor me informaria acerca do que fazer.

BOA VONTADE: A porta foi aberta e ninguém pode fechá-la.

CRISTÃO: Agora começo a colher os frutos de minha aventura.

BOA VONTADE: Mas por que você veio sozinho?

CRISTÃO: Nenhum vizinho percebeu o perigo como eu.

BOA VONTADE: Eles sabiam que você estava vindo?

CRISTÃO: Sim. Primeiro minha esposa e filhos me viram e tentaram convencer-me a voltar; alguns vizinhos fizeram o mesmo. Mas tapei os ouvidos com os dedos e continuei a jornada.

BOA VONTADE: Mas nenhum deles o seguiu ou tentou persuadi-lo a voltar?

CRISTÃO: Sim, Obstinado e Flexível. Quando perceberam que não teriam êxito, Obstinado voltou com muitas ofensas, mas Flexível me acompanhou durante parte do caminho.

BOA VONTADE: Por que ele não atravessou o portão?

CRISTÃO: Viajamos juntos até que caímos no Pântano do Desânimo. Flexível desanimou e não quis continuar a aventura. Ele retornou para casa e disse que deveria continuar sem sua companhia. Seguiu as pegadas de Obstinado e eu continuei na direção deste portão.

BOA VONTADE: Pobre homem, a glória celestial lhe é de tão pouco valor que ele não acha que vale a pena arriscar-se e passar por algumas dificuldades para obtê-la?

CRISTÃO: Concordo. E sobre Flexível, se ele falar a verdade sobre mim, não serei melhor do que ele. Voltou para sua casa, mas eu abandonei o caminho correto em direção ao caminho da morte ao ser influenciado pelos argumentos carnais do Sr. Sábio-Segundo-o-Mundo.

BOA VONTADE: Ó! Você o encontrou? E lhe teria indicado o caminho mais fácil com o Sr. Legalidade? Ambos são caminhos enganosos. Mas você seguiu seu conselho?

CRISTÃO: Sim, tanto quanto pude. Comecei minha busca pelo Sr. Legalidade. Encontrei a montanha que ficava no caminho de sua casa e temi que ela pudesse cair sobre minha cabeça. Portanto, fui forçado a parar.

BOA VONTADE: Aquela montanha já matou muitas pessoas e matará ainda outras. Que bom, você escapou de ser dilacerado por ela!

CRISTÃO: Na verdade, não sei o que seria de mim se Evangelista não me encontrasse novamente quando estava com minha mente naquele estado sombrio. Foi a misericórdia divina, que o trouxe a mim, porque de outra forma jamais teria chegado aqui. Mas estou neste lugar — eu que mereço a morte por essa montanha, ao invés de estar conversando com o meu Senhor. Ó, que graça é esta que me concedes, que ainda me permite a entrada aqui!

BOA VONTADE: Não fazemos acepção de pessoas, não importa tudo o que tenham feito antes de chegarem aqui. "De modo nenhum o lançarei fora".[2] Portanto, bom Cristão, acompanhe-me por um momento e lhe ensinarei o caminho a seguir. Olhe adiante! Você vê aquele caminho estreito? Esse é o caminho que deve seguir. Por ali já passaram os patriarcas, profetas, Cristo, Seus apóstolos, e esse caminho é tão reto quanto um preceito pode torná-lo. Esse é o caminho que deve seguir.

CRISTÃO: Mas não existem curvas ou desvios que possam levar um estrangeiro a perder o seu caminho?

BOA VONTADE: Sim, existem muitas encruzilhadas e atalhos largos. Mas você também sempre pode distinguir o caminho certo: ele é sempre reto e estreito.[3]

Depois, vi em meu sonho que Cristão perguntou-lhe se poderia ajudá-lo a arrancar o fardo dos ombros; pois não conseguia tirá-lo sem ajuda de forma alguma.

BOA VONTADE: Quanto ao seu fardo, alegre-se em poder carregá-lo até o momento de sua libertação, pois ele cairá por si mesmo.

Cristão começou a se preparar para sua jornada e Boa Vontade o informou de que, depois de viajar certa distância do portão, ele chegaria à casa de Intérprete, em cuja porta ele deveria bater e este lhe mostraria coisas excelentes. Cristão se despediu do amigo que o abençoara.

Cristão caminhou à casa de Intérprete. Bateu à porta da casa várias vezes, até que alguém atendeu e perguntou quem estava lá.

---

2 João 6:37

3 "...porque estreita é a porta, e apertado, o caminho que conduz para a vida, e são poucos os que acertam com ela" (MATEUS 7:14).

CRISTÃO: Senhor, sou um viajante, e um conhecido aconselhou-me a falar com o dono da casa para conhecer coisas maravilhosas. Gostaria, portanto, de falar com o chefe da casa.

Ele chamou o chefe da casa, que se aproximou e lhe perguntou o que desejava.

CRISTÃO: Senhor, venho da cidade da Destruição e meu destino é Monte Sião. O homem que permanece à entrada do portão me disse que se eu parasse aqui, o senhor me daria excelentes instruções que me ajudarão em minha jornada.

INTÉRPRETE: Entre. Mostrarei o que poderá lhe ser útil.

Então, ordenou a um de seus criados que acendesse um candeeiro e orientou o visitante para que o seguisse. Ele o conduziu até uma sala particular e o servo abriu a porta. Cristão viu, pendurado na parede, um quadro retratando um homem muito austero. Os olhos estavam direcionados para o Céu, tinha o melhor dos livros em suas mãos, a lei da verdade escrita sobre seus lábios e o mundo atrás de si. Com uma coroa de ouro na fronte, ele estava em uma atitude como se fizesse um pedido aos homens.

CRISTÃO: O que significa esse quadro?

INTÉRPRETE: O homem do quadro é um entre mil; ele gera filhos,[4] permite as dores de parto e nutre os filhos quando nascem.[5] Os olhos em direção ao Céu, o melhor dos livros nas mãos e a lei da verdade sobre os lábios representam seu trabalho, que é conhecer e revelar as coisas encobertas para os pecadores. Ele está em pé porque tenta convencê-los. Atrás dele está o mundo e a coroa de ouro

---

4 "Porque, ainda que tivésseis milhares de preceptores em Cristo, não teríeis, contudo, muitos pais; pois eu, pelo evangelho, vos gerei em Cristo Jesus" (1 CORÍNTIOS 4:15).

5 "...meus filhos, por quem, de novo, sofro as dores de parto, até ser Cristo formado em vós" (GÁLATAS 4:19).

em sua cabeça representa o seu desprezo pelas coisas do mundo, e o seu amor ao serviço do Mestre; ele está seguro de que esse amor terá a glória como recompensa no mundo por vir.

Mostrei este quadro, em primeiro lugar, porque o homem representado nele é o único a quem o Senhor do lugar onde você está indo autorizou a ser o seu guia em todas as passagens difíceis que haverá pelo caminho. Portanto, preste atenção e não esqueça o que você viu, pois em sua jornada muitos dos que encontrar fingirão levar você ao caminho certo, mas são caminhos de morte.

Em seguida, o homem segurou Cristão pela mão e o conduziu a um grande salão que estava empoeirado, pois nunca havia sido varrido. Depois de um tempo, enquanto Intérprete chamou um homem para varrer, e este começou a fazer a limpeza, subiu tanta poeira que Cristão quase não podia respirar. Intérprete chamou uma jovem que estava por perto e pediu-lhe: "Traga água e borrife pelo salão". Finalmente, depois de ela ter feito isso, a sala estava varrida e limpa.

CRISTÃO: O que significa isto?

INTÉRPRETE: Este salão representa o coração de um homem que nunca foi santificado pela suave graça do evangelho. A poeira é o pecado original e a corrupção que contaminou o homem. Aquele que começou a varrer no início representa a Lei; mas a moça que trouxe água e a borrifou simboliza o evangelho. Quando o salão começou a ser varrido, a poeira subiu tão alto que era impossível limpá-la, e você quase sucumbiu nela; isto é para mostrar-lhe que a Lei, em vez de limpar o coração (por meio das obras), revive, fortalece e aumenta o pecado. A Lei denuncia e proíbe o pecado, mas não tem o poder de subjugá-lo.[6]

---

6 "Agora, porém, libertados da lei, estamos mortos para aquilo a que estávamos sujeitos, de modo que servimos em novidade de espírito e não na caducidade da letra" (ROMANOS 7:6).

Você notou que a jovem que borrifou a água no salão fez isso com prazer? Isto mostra que, quando a influência doce e preciosa do evangelho chega ao coração, o pecado é vencido e subjugado e a alma é purificada, tornando-se apta para que o Rei da Glória faça Sua morada.[7]

Além disso, vi em meu sonho que Intérprete tomou Cristão pela mão e o conduziu a uma pequena sala onde havia duas crianças pequenas, cada uma em sua cadeira. A criança maior chamava-se Paixão e o nome da outra era Paciência. Paixão parecia muito descontente, entretanto, Paciência estava quieta. Em seguida, Cristão perguntou: "Por que Paixão está insatisfeita?". Intérprete respondeu: "O Senhor lhe disse que deveria esperar os melhores presentes até o início do próximo ano, mas Paixão os quer agora. Paciência, no entanto, está disposta a esperar".

Então, vi alguém se aproximando de Paixão, este trouxe-lhe um saco cheio de tesouros e o derramou aos seus pés. Paixão apossou-se

---

"O aguilhão da morte é o pecado, e a força do pecado é a lei" (1 CORÍNTIOS 15:56).

"Sobreveio a lei para que avultasse a ofensa; mas onde abundou o pecado, superabundou a graça" (ROMANOS 5:20).

7 "Vós já estais limpos pela palavra que vos tenho falado" (JOÃO 15:3)

"...para que a santificasse, tendo-a purificado por meio da lavagem de água pela palavra" (EFÉSIOS 5:26).

"E não estabeleceu distinção alguma entre nós e eles, purificando-lhes pela fé o coração" (ATOS 15:9).

"Ora, àquele que é poderoso para vos confirmar segundo o meu evangelho e a pregação de Jesus Cristo, conforme a revelação do mistério guardado em silêncio nos tempos eternos, e que, agora, se tornou manifesto e foi dado a conhecer por meio das Escrituras proféticas, segundo o mandamento do Deus eterno, para a obediência por fé, entre todas as nações" (ROMANOS 16:25,26).

"Ninguém tem maior amor do que este: de dar alguém a própria vida em favor dos seus amigos" (JOÃO 15:13).

dos tesouros alegremente e zombou de Paciência. Mas eu observei e não demorou muito até que Paixão gastou todo o tesouro extravagantemente e nada restou além de trapos.

CRISTÃO: Explique-me melhor.

INTÉRPRETE: São duas alegorias: Paixão representa os homens do mundo de agora e Paciência os homens do mundo porvir. Como você viu, Paixão terá tudo agora, este ano — é o mesmo que dizer, neste mundo; assim são os homens deste mundo, desejam vantagens mundanas na hora. Eles não conseguem esperar o ano seguinte, quer dizer, o próximo mundo, pelos seus benefícios. O conhecido provérbio, "Melhor um pássaro nas mãos do que dois voando", tem mais autoridade que todos os testemunhos divinos sobre o reino vindouro. Mas, como você observou, Paixão desperdiçou tudo e não sobrou nada, exceto os trapos. Isso acontecerá a esses homens no fim deste mundo.

CRISTÃO: Agora, percebo que Paciência é mais sábia em muitas maneiras. Primeiro, espera pelas melhores coisas. Segundo, alcançará a glória quando a outra não terá nada além de trapos.

INTÉRPRETE: Você pode acrescentar que a glória do mundo vindouro nunca acabará enquanto as boas coisas deste mundo acabam rapidamente. Por isso, Paixão não tem tanta razão para zombar de Paciência, porque preferiu as boas coisas antes. Como Paciência terá de rir de Paixão, porque preferiu as melhores coisas por último! O primeiro dará sua vez ao último, que não terá ninguém para substitui-lo. Ele, entretanto, que recebeu sua porção primeiro, logo deve ter tempo de usufrui-la, mas o que recebe sua parcela por último, poderá conservá-la de maneira duradoura. Como foi dito ao homem avarento: "Filho, lembra-te de que recebeste os teus bens em tua vida, e Lázaro igualmente, os males; agora, porém, aqui, ele está consolado; tu, em tormentos".[8]

8 Lucas 16:25

CRISTÃO: Percebo que o melhor não é cobiçar as coisas que são do presente, mas esperar pelas que virão.

INTÉRPRETE: Você fala a verdade. "...não atentando nós nas coisas que se veem, mas nas que se não veem; porque as que se veem são temporais, e as que se não veem são eternas."[9] Uma vez que as coisas presentes são aquelas que saciam nosso apetite carnal e as coisas que virão se mostram estranhas à nossa natureza carnal, portanto, as primeiras podem ser mais amistosas, enquanto as coisas futuras estão distantes de nosso apetite carnal.

Em seguida, vi em meu sonho que Intérprete levou Cristão pela mão até um local em que o fogo ardia contra a parede e alguém jogava água continuamente tentando apagá-lo, mas o fogo aumentava em altura e calor.

CRISTÃO: O que significa isto?

INTÉRPRETE: Este fogo representa a obra da graça no coração. Aquele que joga água no fogo, tentando apagá-lo é o Inimigo. Mas deixe-me mostrar por que o fogo continua forte e ardente.

Ele levou Cristão para o outro lado da parede, onde estava um homem com um vaso de óleo em sua mão que, contínua e secretamente, jogava no fogo.

CRISTÃO: O que significa isto?

INTÉRPRETE: Ele é Cristo, que continuamente, com o óleo da Sua graça, mantém a obra iniciada no coração, por meio da qual, não importa o que o Inimigo possa fazer, e mostra ao povo que a graça ainda existe.[10] E o homem atrás da parede que preserva o fogo,

---

9 2 Coríntios 4:18

10 "Então, ele me disse: A minha graça te basta, porque o poder se aperfeiçoa na fraqueza. De boa vontade, pois, mais me gloriarei nas fraquezas, para que sobre mim repouse o poder de Cristo" (2 CORÍNTIOS 12:9).

ensina que é difícil para a tentação ver como seu trabalho da graça é guardado no coração.

Também vi que Intérprete conduziu Cristão novamente pela mão a um lugar aprazível, onde havia um palácio imponente, agradável aos olhos e Cristão ficou maravilhado com a visão. Ele também viu que pessoas caminhavam vestidas de ouro.

CRISTÃO: Podemos entrar ali?

Intérprete o conduziu até a porta do palácio. Havia um grande número de homens que desejavam entrar, mas não se arriscavam. Perto dali, a pouca distância, havia uma mesa, com um livro e uma caneta. Sentado à mesa, estava um homem que anotava o nome daqueles que deveriam entrar. Ele também observou vários homens que protegiam o palácio, vestidos em armaduras, prontos para ferir e atacar aqueles que entrassem. Cristão ficou impressionado.

Finalmente, quando os homens recuavam por temer os guardas, Cristão viu um homem forte e decidido, caminhando em direção à mesa, dizer: "Registre meu nome, Senhor". Assim que seu nome foi registrado, desembainhou a espada, colocou o capacete na cabeça e correu em direção aos homens armados, que o atacaram com vigor letal. Mas ele, com toda coragem, contra-atacou ferozmente. Depois de ter sido ferido e ferir a muitos que tentavam impedi-lo,[11] atravessou o caminho e seguiu em direção ao palácio, onde ouviu a agradável voz daqueles que caminhavam no topo do palácio, dizendo:

Entrai, entrai;
E a glória eterna conquistai!

11 "...fortalecendo a alma dos discípulos, exortando-os a permanecer firmes na fé; e mostrando que, através de muitas tribulações, nos importa entrar no reino de Deus" (ATOS 14:22).

Ele entrou e vestiu-se com os trajes reais. Cristão sorriu: "Acho que sei o significado disto. Deixe-me sair deste lugar."

"Não, continue", disse Intérprete, "pois preciso mostrar-lhe um pouco mais. Depois pode continuar a jornada". Então, conduziu-o novamente pela mão até um quarto escuro, onde havia um homem sentado numa jaula de ferro.

Ao olhá-lo, o homem parecia muito triste; ele estava sentado com o olhar dirigido ao chão, mãos cruzadas e suspirava como se o coração estivesse sendo dilacerado. Cristão perguntou: "O que significa isto?". Intérprete o aconselhou a conversar com o homem.

CRISTÃO: Quem é você?

HOMEM: Eu sou o que não fui.

CRISTÃO: E o que você foi?

HOMEM: Antigamente, declarava-me ser um Cristão, tanto aos meus olhos como na visão das pessoas. Eu pensava ser escolhido para a Cidade Celestial e meu coração se enchia de alegria ao pensar no meu lar futuro.[12]

CRISTÃO: E agora, quem é você?

HOMEM: Agora sou um homem desesperado e em silêncio, dentro desta jaula. Não consigo sair. Simplesmente, não consigo!

CRISTÃO: Mas como você chegou a esta condição?

HOMEM: Parei de estar alerta e de ser sóbrio. Permiti que os desejos me controlassem. Pequei contra a luz da Palavra e bondade de Deus. Decepcionei o Espírito e Ele se foi.

Tentei o Inimigo e ele se aproximou. Provoquei a ira divina e Deus me abandonou. Meu coração está tão endurecido que não consigo me arrepender.

---

12 "A que caiu sobre a pedra são os que, ouvindo a palavra, a recebem com alegria; estes não têm raiz, creem apenas por algum tempo e, na hora da provação, se desviam" (LUCAS 8:13).

Cristão perguntou a Intérprete: "Não existe esperança para este homem?". "Pergunte a ele", respondeu Intérprete. "Não", disse Cristão, "por favor, pergunte-lhe o senhor mesmo".

INTÉRPRETE: Será que não há esperança, de modo que deve ser mantido na jaula de ferro do desespero?

HOMEM: Não, nenhuma.

INTÉRPRETE: Por quê? O Filho da Bênção está cheio de compaixão.

HOMEM: Eu o crucifiquei novamente,[13] o desprezei,[14] desprezei Sua justiça, não considerei o Seu sangue como santo, eu "peco a despeito do espírito da graça".[15] Consequentemente, desliguei-me de todas as promessas e não me resta nada, a não ser temer o temível julgamento, ardor profundo que me consumirá como um adversário.

---

13 "Visto, portanto, que resta entrarem alguns nele e que, por causa da desobediência, não entraram aqueles aos quais anteriormente foram anunciadas as boas-novas" (HEBREUS 4:6).

14 "Mas os seus concidadãos o odiavam e enviaram após ele uma embaixada, dizendo: Não queremos que este reine sobre nós" (LUCAS 19:14).

15 "Sem misericórdia morre pelo depoimento de duas ou três testemunhas quem tiver rejeitado a lei de Moisés. De quanto mais severo castigo julgais vós será considerado digno aquele que calcou aos pés o Filho de Deus, e profanou o sangue da aliança com o qual foi santificado, e ultrajou o Espírito da graça?" (HEBREUS 10:28,29).

INTÉRPRETE: Por que você colocou-se nesta condição?

HOMEM: Para poder desfrutar da luxúria, prazeres e recompensas deste mundo. Mas agora essas coisas me corroem por dentro como um verme em chamas.

INTÉRPRETE: Mas você não pode se arrepender e abandonar estas coisas?

HOMEM: Deus me negou o arrependimento. Sua Palavra não me dá incentivo para crer ao contrário. Sim, Ele me trancou nesta jaula, nenhum exército de homens pode me tirar deste lugar. Ó! Eternidade! Eternidade! Como lidarei com essa extrema infelicidade que devo encontrar na eternidade!

INTÉRPRETE: Lembre-se da miséria deste homem, que ela seja uma advertência a você.

CRISTÃO: Bem, isto é amedrontador! Deus me ajude a manter o foco e a sobriedade e que eu o busque em oração para evitar chegar à condição deste homem! Senhor, não chegou o momento de seguir meu caminho?

INTÉRPRETE: Espere, preciso lhe mostrar mais uma coisa. Depois, poderá seguir sua jornada.

Intérprete levou Cristão pela mão novamente até um aposento, onde alguém levantava-se da cama. Enquanto se vestia, movia-se de um lado para outro e tremia.

Cristão perguntou: "Por que esse homem treme tanto?". Intérprete pediu ao homem que explicasse o motivo. Ele falou: "Esta noite, enquanto dormia, sonhei que o Céu se escurecia, trovões e raios riscavam o Céu de maneira tão amedrontadora que entrei em agonia. Olhei para cima e vi que as nuvens passavam e se chocavam num ritmo incomum. Ouvi um grande som de uma trombeta e vi um homem sentado na nuvem, acompanhado de muitos seres celestiais; todos estavam iluminados e o Céu queimava como fogo. Então, ouvi uma voz que dizia: 'Levantem-se, ó mortos, chegou o momento do juízo'. E, nesse momento, as rochas se despedaçaram, as tumbas se abriram e os mortos ressuscitaram. Alguns estavam muito felizes e olhavam para cima, outros tentavam se esconder nas montanhas.[16] Então, vi o homem sentado sobre a nuvem com um livro aberto ordenando

16 "...num momento, num abrir e fechar de olhos, ao ressoar da última trombeta. A trombeta soará, os mortos ressuscitarão incorruptíveis, e nós seremos transformados" (1 CORÍNTIOS 15:52).

"Porquanto o Senhor mesmo, dada a sua palavra de ordem, ouvida a voz do arcanjo, e ressoada a trombeta de Deus, descerá dos céus, e os mortos em Cristo ressuscitarão primeiro..." (1 TESSALONICENSES 4:16).

"Quanto a estes foi que também profetizou Enoque, o sétimo depois de Adão, dizendo: Eis que veio o Senhor entre suas santas miríades" (JUDAS 14).

"Não vos maravilheis disto, porque vem a hora em que todos os que se acham nos túmulos ouvirão a sua voz e sairão: os que tiverem feito o bem, para a ressurreição da vida; e os que tiverem praticado o mal, para a ressurreição do juízo" (JOÃO 5:28,29).

"...e a vós outros, que sois atribulados, alívio juntamente conosco, quando do céu se manifestar o Senhor Jesus com os anjos do seu poder, em chama de fogo, tomando vingança contra os que não conhecem a Deus e contra os que não obedecem ao evangelho de nosso Senhor Jesus" (2 TESSALONICENSES 1:7,8).

"Vi um grande trono branco e aquele que nele se assenta, de cuja presença fugiram a terra e o céu, e não se achou lugar para eles. Vi também os mortos, os grandes e os pequenos, postos em pé diante do trono. Então, se abriram livros. Ainda outro livro, o Livro da Vida, foi aberto. E os mortos foram julgados, segundo as suas obras, conforme o que se achava escrito nos livros. Deu o mar os mortos que nele estavam. A morte e o além entregaram os mortos que neles havia. E foram julgados, um por um, segundo as suas obras. Então, a morte e o inferno foram lançados para dentro do lago de fogo. Esta é a segunda morte, o lago de fogo" (APOCALIPSE 20:11-14).

"Pois eis que o SENHOR sai do seu lugar, para castigar a iniquidade dos moradores da terra; a terra descobrirá o sangue que embebeu e já não encobrirá aqueles que foram mortos" (ISAÍAS 26:21).

"As nações verão isso e se envergonharão de todo o seu poder; porão a mão sobre a boca, e os seus ouvidos ficarão surdos" (MIQUEIAS 7:16).

ao mundo que se aproximasse. No entanto, devido à grande chama, havia uma distância confortável entre ele e os outros, como a distância do juiz e os prisioneiros no tribunal.[17] Ouvi uma voz que também proclamava para que se reunisse ao homem sentado na nuvem: 'Reúnam o joio, o joio e o restolho, separe e lance no lago de fogo ardente'.[18] E com isso o poço do abismo foi aberto e lá estava eu. Veio muita fumaça e brasas de fogo, com barulhos horríveis. Ele também disse às mesmas pessoas: 'Reúna o trigo no celeiro'.[19]

"Vinde, cantemos ao SENHOR, com júbilo, celebremos o Rochedo da nossa salvação. Saiamos ao seu encontro, com ações de graças, vitoriemo-lo com salmos. Porque o SENHOR é o Deus supremo e o grande Rei acima de todos os deuses" (SALMO 95:1-3).

"Um rio de fogo manava e saía de diante dele; milhares de milhares o serviam, e miríades de miríades estavam diante dele; assentou-se o tribunal, e se abriram os livros" (DANIEL 7:10).

17 "Mas quem poderá suportar o dia da sua vinda? E quem poderá subsistir quando ele aparecer? Porque ele é como o fogo do ourives e como a potassa dos lavandeiros. Assentar-se-á como derretedor e purificador de prata; purificará os filhos de Levi e os refinará como ouro e como prata; eles trarão ao SENHOR justas ofertas. (MALAQUIAS 3:2,3).

"Continuei olhando, até que foram postos uns tronos, e o Ancião de Dias se assentou; sua veste era branca como a neve, e os cabelos da cabeça, como a pura lã; o seu trono eram chamas de fogo, e suas rodas eram fogo ardente" (DANIEL 7:9,10).

18 Mateus 3:12

"Deixai-os crescer juntos até à colheita, e, no tempo da colheita, direi aos ceifeiros: ajuntai primeiro o joio, atai-o em feixes para ser queimado; mas o trigo, recolhei-o no meu celeiro" (MATEUS 13:30).

"Pois eis que vem o dia e arde como fornalha; todos os soberbos e todos os que cometem perversidade serão como o restolho; o dia que vem os abrasará, diz o SENHOR dos Exércitos, de sorte que não lhes deixará nem raiz nem ramo" (MALAQUIAS 4:1).

19 Lucas 3:17

E vi muitas pessoas serem levadas até as nuvens, mas eu fiquei para trás.[20] Tentei esconder-me, mas não pude, pois o homem sentado tinha seus olhos fixos em mim. Meus pecados vieram à mente e minha consciência acusou-me de todas as maneiras.[21] Depois disso, acordei do meu sono."

CRISTÃO: Mas o que fez você sentir tanto medo, nesta visão?

HOMEM: Ora, eu pensei que o dia do juízo havia chegado e que não estava preparado, mas o que mais me assustou foi que os anjos reuniram várias pessoas e me deixaram para trás e também o abismo do inferno se abriu exatamente onde eu estava. Minha consciência também me afligiu e pensei que o juiz me olhava com indignação.

INTÉRPRETE: Cristão, você já pensou em todas essas coisas?

---

20 "Porquanto o Senhor mesmo, dada a sua palavra de ordem, ouvida a voz do arcanjo, e ressoada a trombeta de Deus, descerá dos céus, e os mortos em Cristo ressuscitarão primeiro; depois, nós, os vivos, os que ficarmos, seremos arrebatados juntamente com eles, entre nuvens, para o encontro do Senhor nos ares, e, assim, estaremos para sempre com o Senhor" (1 TESSALONICENSES 4:16,17).

21 "Quando, pois, os gentios, que não têm lei, procedem, por natureza, de conformidade com a lei, não tendo lei, servem eles de lei para si mesmos. Estes mostram a norma da lei gravada no seu coração, testemunhando-lhes também a consciência e os seus pensamentos, mutuamente acusando-se ou defendendo-se" (ROMANOS 2:14,15).

CRISTÃO: Sim, em alguns momentos sinto esperança e em outros, medo.

INTÉRPRETE: Bem, guarde essas coisas em mente para que prossiga corajoso pelo caminho que deve trilhar.

Cristão começou a se preparar para a jornada e Intérprete lhe desejou: "Que o Consolador esteja sempre com você, bom Cristão, guiando-o no caminho que conduz à Cidade".

Cristão seguiu seu caminho dizendo:

Aqui encontrei coisas raras e rentáveis;
Prazerosas e terríveis, coisas que nos fazem estáveis.
Delas hoje comecei a me apossar.
Então, deixe-me entendê-las e nelas meditar
Porque me trouxeram até aqui; e assim eternamente sou
Grato a você, bom Intérprete, pelo que me ensinou.

CAPÍTULO 3

Vi, em meu sonho que a estrada em que Cristão viajava era cercada em ambos os lados por uma parede chamada Salvação.[1] Assim, Cristão acelerou o passo, mas com grande dificuldade devido ao peso que estava em suas costas.

Ele correu até chegar a uma colina, onde havia uma cruz e no fundo estava um sepulcro. Então, vi em sonho que, tão logo Cristão se aproximou da cruz, a carga soltou-se dos seus ombros e continuou caindo até chegar à entrada

do sepulcro, onde foi depositada completamente, e eu vi que não havia mais nenhum fardo.

Cristão ficou feliz, e exclamou com coração agradecido: "Ele me deu descanso por meio de Seus sofrimentos e a vida por meio da Sua morte". Ficou parado durante algum tempo para olhar e maravilhar-se com a visão da cruz e o alívio que ela lhe proporcionara. Continuou admirando-a até que as lágrimas começaram a escorrer pelo seu rosto.[2]

Enquanto olhava e chorava, três Seres Resplandecentes se aproximaram e o saudaram: "A paz esteja contigo". O primeiro lhe disse: "Teus pecados estão perdoados".[3] O segundo despiu-lhe de seus trapos e vestiu-o com roupas limpas;[4] o

---

1 "Naquele dia, se entoará este cântico na terra de Judá: Temos uma cidade forte; Deus lhe põe a salvação por muros e baluartes" (ISAÍAS 26:1).

2 "E sobre a casa de Davi e sobre os habitantes de Jerusalém derramarei o espírito da graça e de súplicas; olharão para aquele a quem traspassaram; pranteá-lo-ão como quem pranteia por um unigênito e chorarão por ele como se chora amargamente pelo primogênito" (ZACARIAS 12:10).

3 "Achando-se Jesus à mesa na casa de Levi, estavam juntamente com ele e com seus discípulos muitos publicanos e pecadores; porque estes eram em grande número e também o seguiam" (MARCOS 2:15).

4 "Tomou este a palavra e disse aos que estavam diante dele: Tirai-lhe as vestes sujas. A Josué disse: Eis que tenho feito que passe de ti a tua iniquidade e te vestirei de finos trajes" (ZACARIAS 3:4).

terceiro colocou uma marca em sua testa e deu-lhe um rolo selado, advertindo-o que cuidasse do rolo enquanto corria a fim de entregá-lo no Portão Celestial. Em seguida, continuaram seu caminho.

Quem é este? O Peregrino. Sim! Então é verdade
Que as coisas velhas passaram, e tudo se fez novidade.
Ele é um novo homem, sob a palavra que declaro.
São as belas penas que tornam um pássaro raro.

Então, Cristão pulou três vezes de tanta alegria e continuou o trajeto cantando:

Aqui cheguei sob o peso de meu pecado;
Nem aliviar-me podia da dor que havia carregado
Até que para cá vim: Que lugar maravilhoso!
Será aqui que encontrarei o eterno gozo?
Será aqui que os fardos que carrego cairão?
Será aqui que as cadeias que me prendem se soltarão?
Bendita cruz! Bendito sepulcro! Seja ainda mais bendito
O Homem que lá foi envergonhado por este perdido!

Vi em meu sonho que Cristão caminhava alegremente até encontrar uma descida, onde viu, a uma pequena distância, três homens dormindo com correntes em seus pés. Os nomes deles eram Simples, Preguiça e Presunção.

Cristão decidiu tentar acordá-los: "Vocês parecem que dormem no topo do mastro, com o mar Morto sob vocês, um abismo sem fim.[5] Despertem e saiam; se estiverem dispostos, lhes ajudarei a tirar suas

5 Serás como o que se deita no meio do mar e como o que se deita no alto do mastro… (PROVÉRBIOS 23:34).

correntes." Ele também lhes disse: "Se aquele que vem como um 'leão que ruge' se aproximar, certamente vocês se tornarão suas presas".[6] Eles o olharam e começaram a responder desta maneira.

Simples retrucou: "Não vejo nenhum perigo"; Preguiça respondeu: "Deixe-me dormir mais um pouco". Presunção ponderou: "Eu consigo resolver sem sua ajuda!". Deitaram-se e dormiram novamente, Cristão seguiu seu caminho. Entretanto, ficou pensando em como aqueles homens, correndo um perigo iminente, fizeram pouco caso de sua bondade ao oferecer-lhes ajuda graciosamente, tanto para despertá-los, como para os aconselhar e os ajudar a se livrarem das correntes. Enquanto os pensamentos o atormentavam, ele espiou dois homens pulando o muro do lado esquerdo do caminho estreito; e eles se apressaram para alcançá-lo. Seus nomes eram Formalista e Hipocrisia. Eles se aproximaram e começaram um diálogo com Cristão.

CRISTÃO: Cavalheiros, de onde são e para onde vão?

FORMALISTA e HIPOCRISIA: Nascemos na terra de Vanglória e nos dirigimos ao Monte Sião com o propósito de receber a recompensa que tanto merecemos.

CRISTÃO: Por que vocês não entraram pelo portão que está no início do caminho? Não sabem que está escrito que aqueles que não entram pelo portão, mas "sobem por outra parte, [são ladrões e salteadores]"?[7]

FORMALISTA e HIPOCRISIA: Para todos os homens do nosso país, o trajeto até o portão é muito longo. Por isso, é comum pegar um atalho e subir pelo muro, como fizemos.

---

6 "Sede sóbrios e vigilantes. O diabo, vosso adversário, anda em derredor, como leão que ruge procurando alguém para devorar..." (1 PEDRO 5:8).

7 "Em verdade, em verdade vos digo: o que não entra pela porta no aprisco das ovelhas, mas sobe por outra parte, esse é ladrão e salteador" (JOÃO 10:1).

Formalista

CRISTÃO: Mas isso não será considerado uma transgressão contra o Senhor da cidade para onde vamos, para assim violar sua vontade revelada?

FORMALISTA e HIPOCRISIA: Quanto a isso, não se preocupe; o que fizemos está de acordo com a maneira que costumamos agir, e podemos testemunhar, se necessário, que assim é há milhares de anos.

CRISTÃO: Mas será que essa prática de vocês pode ser sustentada num tribunal?

FORMALISTA e HIPOCRISIA: Esse costume, sendo praticado há milhares de anos, sem dúvida será admitido como legal por um juiz imparcial; e, além disso, se estamos neste caminho, o que importa o modo como entramos nele? A verdade é que estamos no caminho certo. Você entrou pelo portão e nós pulamos o muro. De que forma sua condição é melhor do que a nossa?

CRISTÃO: Segui as regras do meu Mestre; vocês entraram pela prática ignorante da própria imaginação. Vocês são considerados ladrões pelo Senhor do caminho, portanto, duvido que sejam avaliados como homens corretos no fim da jornada. Vocês vieram por si mesmos, sem Sua direção e poderão sair por si mesmos sem Sua misericórdia.

Sem argumentos para contestar tais afirmações, os dois sugeriram a Cristão que cuidasse de sua própria vida. Dito isto, cada um continuou o caminho, sem mais conversa entre eles, com exceção do que disseram a Cristão que, assim como ele, também se preocupavam com leis e mandamentos; portanto, não viam nenhuma diferença entre eles a não ser pelo manto que Cristão tinha nas costas, que pensavam ter sido dado a ele por alguns vizinhos para esconder a vergonha de sua nudez.

CRISTÃO: Vocês não serão salvos pelas leis e mandamentos, já que não entraram pela porta.[8] E quanto a este manto em minhas

8 "...sabendo, contudo, que o homem não é justificado por obras da lei, e sim mediante a fé em Cristo Jesus, também temos crido em Cristo Jesus, para

costas, me foi dado pelo Senhor do lugar aonde estou indo, e, como vocês mencionaram, é para cobrir minha nudez. É uma demonstração de Sua bondade para comigo, porque antes eu nada possuía, além de trapos. Essa certeza me conforta na jornada. Certamente, creio eu, ao chegar no portão da cidade, o Senhor me reconhecerá, pois tenho Seu manto nas costas, que me foi dado gratuitamente enquanto Ele retirava meus trapos. Caso não tenham notado, carrego uma marca na fronte que um dos servos do meu Senhor colocou quando o fardo caiu dos meus ombros. Além disso, recebi um pergaminho selado, que tem se tornado minha leitura reconfortante durante a jornada, e servirá de garantia para minha admissão no Portão Celestial. Mas acho improvável que tenham essas coisas já que não entraram pelo portão.

Eles não responderam aos seus comentários, apenas olharam um para o outro e sorriram. Então, vi que continuaram o caminho, mas Cristão seguiu adiante, conversando consigo mesmo. Algumas vezes soltava um suspiro, outras vezes expressava um semblante de segurança. Ele também lia o rolo que os Seres Resplandecentes lhe deram e era revigorado por sua leitura.

Eles seguiram o caminho até chegar ao Desfiladeiro da Dificuldade, onde havia uma fonte. No mesmo lugar, havia dois caminhos além daquele que saia diretamente do portão; um pela direita e outro pela esquerda ao pé da montanha. Mas o caminho estreito subia a montanha e era chamado de Dificuldade. Cristão aproximou-se da fonte, refrescou-se[9] com a água e começou a escalar o monte dizendo:

---

que fôssemos justificados pela fé em Cristo e não por obras da lei, pois, por obras da lei, ninguém será justificado" (GÁLATAS 2:16).

9 "Não terão fome nem sede, a calma nem o sol os afligirá; porque o que deles se compadece os guiará e os conduzirá aos mananciais das águas" (ISAÍAS 49:10).

Hipocrisia

A montanha, embora alta, desejo ascender.
A dificuldade não vai me acometer;
Pois da vida o caminho aqui repousa.
Vem, anima-te, coração, não desmaies por essa causa.
É melhor, ainda que difícil, ao alto subir depressa
Do que o erro, mesmo fácil, onde no fim há desgraça.

Formalista e Hipocrisia também se aproximaram do monte, mas quando viram que era muito íngreme e que havia dois atalhos e, imaginando que no outro lado da montanha esses dois caminhos se encontrariam com aquele que Cristão tinha tomado, decidiram ir por esses caminhos. Um dos atalhos chamava-se Perigo e o outro Destruição. Um escolheu o caminho chamado Perigo, no qual perdeu-se em um terrível bosque. O outro escolheu Destruição, que o levou a um largo caminho cheio de montanhas escuras, onde tropeçou, caiu e não se levantou mais.

Terminarão bem os que erradamente começaram?
Acharão segurança para aqueles que os acompanharam?
Não, não! Quem em teimosia segue em frente,
No final, de cabeça cairá certamente.

Então, vi Cristão subir a montanha. Ele corria, andava, escalava usando as mãos e os joelhos, porque a montanha era muito íngreme. Na metade do caminho, chegou a um refúgio aprazível coberto de árvores e videiras, fornecidos pelo Senhor da montanha para refrigério dos viajantes cansados. Quando Cristão chegou ali, decidiu se sentar e descansar. Então, abriu o pergaminho para ler e encontrar conforto. Também meditou sobre o manto que recebera na cruz. Tudo isto era muito agradável, finalmente

ele cochilou, levemente no início até cair em um sono profundo, o que o deteve naquele lugar até ser quase noite. Enquanto dormia, o pergaminho caiu de suas mãos e alguém o acordou, dizendo: “Vai ter com a formiga, ó preguiçoso, considera os seus caminhos e sê sábio”.[10] Cristão, de repente, acordou e correu até chegar ao topo da montanha.

Quando alcançou o lugar, dois homens vieram correndo em sua direção. O nome deles era Temeroso e Desconfiança.

“Senhores, qual é o problema?”, perguntou ele. “Vocês estão correndo para o caminho errado.”

“Estávamos nos dirigindo à Cidade Celestial e enfrentamos muitas dificuldades nesse desfiladeiro”, respondeu Temeroso. “Mas quanto mais longe vamos, mais perigos encontramos, portanto, decidimos voltar.”

“Sim”, acrescentou Desconfiança, “Ali adiante encontramos um casal de leões, não sabemos se estavam dormindo ou acordados, mas se ficarmos ao alcance deles, seremos feitos em pedacinhos”.

10 Provérbios 6:6

CRISTÃO: Suas palavras me assustam, mas onde posso permanecer em segurança? Se eu voltar para o meu país, que enfrenta o fogo e enxofre, certamente perecerei. Se conseguir alcançar a Cidade Celestial, tenho certeza que estarei seguro lá. Preciso ir adiante, mesmo enfrentando riscos e perigos. Voltar significa morte, ir adiante é temer a morte e receber vida eterna como recompensa. Assim, decido seguir em frente.

Temeroso e Desconfiança desceram a montanha correndo e Cristão continuou seu caminho. Mas, pensando sobre o que os homens haviam dito, colocou a mão no bolso do manto para pegar o pergaminho, para então poder lê-lo e ser confortado, mas não estava lá. Ele ficou perplexo e não sabia o que fazer, pois esse pergaminho era o que o aliviava e serviria como passe para entrar na Cidade Celestial. Consequentemente, ficou muito perplexo sobre o que deveria fazer, finalmente, lembrou-se de que adormecera ao lado da montanha; e, então, caindo de joelhos, pediu perdão a Deus por esse ato tolo e voltou para procurar o seu pergaminho. Enquanto retornava, seu coração estava cheio de tristeza. Às vezes suspirava, chorava e se recriminava por ter sido tão tolo ao ponto de cair no sono no local destinado apenas como um breve descanso para recuperar as forças. Por esse motivo, voltou olhando cuidadosamente para os dois lados durante todo o percurso, esperando encontrar o pergaminho que fora seu conforto em vários momentos da jornada. Mas quando avistava o abrigo, onde tinha sentado e dormido, sua tristeza ressurgiu ao lembrar-se novamente de seu erro.[11] "Miserável homem

---

11 "Lembra-te, pois, de onde caíste, arrepende-te e volta à prática das primeiras obras; e, se não, venho a ti e moverei do seu lugar o teu candeeiro, caso não te arrependas" (APOCALIPSE 2:5).

"Ora, os que dormem dormem de noite, e os que se embriagam é de noite que se embriagam. Nós, porém, que somos do dia, sejamos sóbrios,

Temeroso

Desconfiança

que sou!", exclamou. "Como pude dormir durante o dia!" Satisfazer minha carne e usar o descanso para curar o corpo no lugar que o Senhor criou apenas para os peregrinos aliviarem a alma! Quantos passos dei em vão! (Assim aconteceu com Israel. Por causa dos seus pecados, foram enviados de volta para o caminho do mar Vermelho.) E agora preciso trilhar os passos com tristeza que poderia trilhar com prazer se não fosse esse sono pecaminoso. O quanto já poderia ter seguido o meu caminho! Em vez disso, devo trilhar esses passos três vezes, em vez de apenas uma vez, sim, agora também provavelmente, serei privado de luz, pois o dia está quase no fim. "Ah, se não tivesse eu adormecido!"

Agora, por este tempo, ao se aproximar do abrigo novamente, e por um momento sentou-se e chorou, mas, finalmente como Deus teria feito, Cristão olhou para baixo e viu sob o banco de madeira o seu pergaminho. Rapidamente, o pegou e guardou no manto. Como expressar a alegria que sentiu quando recuperou seu pergaminho? Esse pergaminho era garantia de vida e entrada no destino almejado. Por isto, rendeu louvores a Deus por dirigir seu olhar para o lugar em que estava e, com alegria e lágrimas, voltou à sua jornada.

E como subiu o restante da montanha tão agilmente! No entanto, antes de chegar ao topo, o sol se pôs, e isso o fez lembrar a loucura de seu sono e voltou a se entristecer. "Ó sono pecaminoso, por sua causa, estou privado da luz que ilumina meu caminho! Devo andar sem o Sol, a escuridão cobre o caminho em que devo andar e devo ouvir o ruído das criaturas da noite por causa do meu sono pecaminoso."[12]

---

revestindo-nos da couraça da fé e do amor e tomando como capacete a esperança da salvação" (1 TESSALONICENSES 5:7,8).

12 "Assim, pois, não durmamos como os demais; pelo contrário, vigiemos e sejamos sóbrios. Ora, os que dormem dormem de noite, e os que se embriagam é de noite que se embriagam" (1 TESSALONICENSES 5:6,7).

Lembrou-se da história que Desconfiança e Temeroso lhe haviam contado sobre os leões. Cristão disse para si mesmo: "Esses animais saem à noite em busca de presas, e se me encontrarem no escuro, como escaparei de ser dilacerado?". Mas enquanto lamentava sua perigosa situação, ele olhou para cima e eis que um palácio imponente estava diante dele. Era chamado o Palácio Belo e ficava bem à sua frente, na estrada.

Depois, vi em meu sonho que ele se apressou com o objetivo de conseguir um lugar no palácio. Mas, antes de alcançá-lo, entrou em uma passagem muito estreita, a uns duzentos passos da guarita. Olhando muito atentamente o caminho, viu dois leões. Agora, pensou, vejo os perigos que fizeram com que Temeroso e Desconfiança recuassem do caminho. (Os leões estavam presos por correntes, mas ele não as via.) Cheio de temor, pensou em retornar pois, aparentemente, a morte estava diante dele. Da guarita, um homem chamado Vigilante observou Cristão indeciso sobre continuar ou não a jornada, e clamou em alta voz: "Sua força é tão pequena?[13] Não tema os leões, pois estão acorrentados. Eles estão aí para testar a fé e revelar aqueles que não a tem. Permaneça no meio da estrada e nenhum mal sobrevirá a você."

A dificuldade para trás ficou, adiante, só o temor,
Mesmo no topo da montanha, o leão traz o pavor.
Nunca um cristão longo descanso encontrará;
Quando um perigo se for, outro o cercará.

---

13 "Então, lhes disse: Por que sois assim tímidos?! Como é que não tendes fé?" (MARCOS 4:40).
"Se te mostras fraco no dia da angústia, a tua força é pequena" (PROVÉRBIOS 24:10).

Vi que ele continuou o caminho, temendo os leões, mas observando cuidadosamente as instruções do porteiro. Ele os ouviu rugir, mas eles não lhe causaram qualquer dano. Em seguida, ele bateu palmas e continuou até parar diante da porta onde estava Vigilante, e perguntou: "Senhor, que casa é esta? Posso passar a noite aqui?". Vigilante respondeu: "Esta casa foi construída pelo Senhor da montanha, e ele a construiu para alívio e segurança dos peregrinos". Vigilante também perguntou de onde ele vinha e onde pretendia chegar.

CRISTÃO: Sou da Cidade da Destruição e quero chegar até Monte Sião. Mas a noite aproximou-se e gostaria de ficar aqui esta noite, se me permitir.

VIGILANTE: Qual é o seu nome?

CRISTÃO: Meu nome agora é Cristão, mas antes me chamavam de Ímpio. Sou descendente de Jafé, o qual Deus convencerá a habitar nas tendas de Sem.[14]

VIGILANTE: Mas por que chegou tão tarde? O sol já se pôs.

CRISTÃO: Eu estaria aqui mais cedo, mas "desventurado homem que sou!". Dormi no abrigo da encosta da montanha; mesmo com essa soneca, teria chegado mais cedo, mas, ao chegar ao cume da montanha, percebi que havia perdido o pergaminho e vim sem ele

---

14 "Engrandeça Deus a Jafé, e habite ele nas tendas de Sem; e Canaã lhe seja servo" (GÊNESIS 9:27).

Vigilante

até a borda da montanha. Procurei-o e não o encontrei, então, fui forçado a voltar para o lugar em que dormira. Encontrei-o e agora estou aqui.

VIGILANTE: Bem, de acordo com as regras da casa, chamarei uma das virgens. Se gostar das suas palavras, ela o apresentará para o restante da família.

Então, Vigilante, o porteiro, tocou o sino e uma jovem linda e discreta, por nome Discrição, apareceu e perguntou por que a chamavam.

O porteiro respondeu: "Este homem está em uma jornada da cidade da Destruição para o Monte Sião. Ele está cansado e já está escuro, portanto, pediu-me permissão para ficar aqui esta noite. Eu lhe respondi que, de acordo com as regras da casa, você decidiria o que fazer".

Discrição, então perguntou-lhe de onde era e para onde ia; e ele lhe disse. Ela também lhe perguntou como entrou no caminho; e ele lhe disse. Em seguida, lhe indagou o que tinha visto e encontrado no caminho; e ele respondeu. Finalmente, ela quis saber seu nome e ele explicou: "Meu nome é Cristão e tenho o desejo ainda maior de permanecer aqui esta noite, porque, pelo que posso ver, este lugar foi construído pelo Senhor da montanha para alívio e segurança dos peregrinos". Discrição sorriu, mas havia lágrimas em seus olhos, e depois de uma pequena pausa, ela respondeu: "Vou chamar mais duas ou três pessoas da família". Então, ela correu para a porta e chamou Prudência, Piedade e Caridade. Depois de conversarem mais um pouco, o receberam na família. Muitos deles o receberam na entrada da casa, dizendo: "Entra, bendito do Senhor; esta casa foi construída pelo Senhor da montanha para receber peregrinos como você".

Ele baixou a cabeça e seguiu-os para dentro da casa.

Depois de entrar e sentar-se, eles lhe deram algo para beber. Até que o jantar estivesse pronto, decidiram ter uma conversa espiritual com ele, fazendo bom uso do tempo. Escolheram Piedade, Prudência e Caridade para conversar com ele.

PIEDADE: Aproxime-se, bom Cristão, já que fomos gentis em recebê-lo em nossa casa esta noite, queremos falar sobre todas as coisas que têm lhe acontecido em sua peregrinação.

CRISTÃO: Ficarei muito feliz em falar a respeito.

PIEDADE: O que aconteceu para que você assumisse esta vida de peregrino?

CRISTÃO: Saí do meu país natal porque ouvi algo terrível. Ouvi que uma destruição inevitável me esperava se continuasse vivendo ali.

PIEDADE: Mas como isso aconteceu para sair do país desta maneira?

CRISTÃO: Foi obra de Deus, pois não sabia para onde ir. Enquanto tremia e chorava temendo a destruição, um homem chamado Evangelista se aproximou e me mostrou o portão estreito. De outra maneira, nunca o encontraria. E assim, ele me colocou no caminho que me trouxe diretamente a esta casa.

PIEDADE: Mas você não passou pela casa de Intérprete?

CRISTÃO: Sim, as coisas que vi permanecerão na minha mente enquanto viver. Três

coisas em especial: como Cristo, a despeito de Satanás, mantém Sua palavra da graça no coração; como o pecado humano é tão grande que não merece a misericórdia de Deus; e também o seu sonho de que o dia do julgamento tinha chegado.

PIEDADE: Você ouviu o homem falar sobre o sonho dele?

CRISTÃO: Sim, foi uma descrição horrível. Meu coração ficou aflito enquanto ouvia o relato, mas ao mesmo tempo, sou grato pela oportunidade.

PIEDADE: Isso foi tudo que viu na casa de Intérprete?

CRISTÃO: Não. Ele me mostrou um palácio imponente, no qual as pessoas se vestiam com ouro, e enquanto estávamos lá um homem aventureiro veio e passou pelo meio dos homens armados que estavam à porta para mantê-lo fora, e foi-lhe dito para vir e conquistar a glória eterna. Enchi-me de alegria e prazer ao ver estas coisas e teria ficado na casa do homem por um ano, só que eu sabia que precisava seguir minha jornada.

PIEDADE: O que mais você viu no caminho?

CRISTÃO: Bem, só havia caminhado um pouco, quando vi um homem sangrando, pendurado em uma cruz. A própria visão dele fez meu fardo cair das minhas costas (pois estava carregando um fardo muito pesado). Nunca antes tinha visto algo assim! E enquanto olhava para cima e não conseguia parar de olhar, três Seres Resplandecentes se aproximaram. Um deles declarou que os meus pecados estavam perdoados; outro tirou meus trapos e deu-me este manto bordado; e o terceiro fez a marca que você vê na minha testa e me deu este pergaminho selado. (E com isso o puxou para fora do manto.)

PIEDADE: Mas você viu mais coisas que isto, não é?

CRISTÃO: Esses foram os melhores momentos, mas presenciei mais coisas. Vi três homens: Simples, Preguiça e Presunção, adormecidos no canto do caminho com correntes nos pés, mas você acha que eu poderia despertá-los? Também vi Formalidade e Hipocrisia pulando o muro, pois pretendiam ir ao Monte Sião, mas se perderam rapidamente. Tentei avisar, mas não me ouviram. Porém acima de tudo, trabalhei arduamente até chegar a este monte, foi um trajeto tão difícil quanto passar pelos leões, e acredito que se não fosse o bom porteiro que permanece no portão, provavelmente teria regressado. Mas graças a Deus estou aqui e agradeço por me receberem.

Em seguida, Prudência fez-lhe algumas perguntas.

PRUDÊNCIA: Você em algum momento pensa no país do qual veio?

CRISTÃO: Sim, mas com muita vergonha e desprezo. Se realmente sentisse falta do país que deixei, poderia ter retornado; mas agora desejo uma pátria melhor, a celestial.[15]

PRUDÊNCIA: Você ainda carrega algumas coisas de lá que lhe atraíam?

CRISTÃO: Sim, mas luto ferozmente contra a minha vontade, especialmente os pensamentos carnais, com os quais todos os meus compatriotas e eu mesmo, nos deliciávamos. Agora, todas essas coisas são penosas e, se pudesse, não pensaria nelas novamente, mas quanto mais me esforço, mais vulnerável me sinto.[16]

PRUDÊNCIA: Você não percebe que algumas vezes essas coisas podem ser vencidas?

CRISTÃO: Sim, embora seja raro. Mas quando isso acontece, é precioso para mim.

---

15 "E, se, na verdade, se lembrassem daquela de onde saíram, teriam oportunidade de voltar. Mas, agora, aspiram a uma pátria superior, isto é, celestial. Por isso, Deus não se envergonha deles, de ser chamado o seu Deus, porquanto lhes preparou uma cidade" (HEBREUS 11:15,16).

16 Veja Romanos 7.

PRUDÊNCIA: Você recorda que meios usou para vencer essas coisas que o atormentam?

CRISTÃO: Sim, quando penso no que vi naquela cruz, venço; quando olho meu manto bordado, venço; e quando olho o pergaminho que carrego, venço. E quando penso no destino final, também sou vitorioso.

PRUDÊNCIA: E o que mais o motiva para chegar ao Monte Sião?

CRISTÃO: Ora, quero ver Aquele que foi morto na cruz, ressuscitado e ali espero livrar-me de todas aquelas coisas que até hoje são um incômodo para mim. Lá, eles dizem, não existe a morte, e encontrarei os melhores companheiros.[17] Para dizer-lhe a verdade, eu o amo, pois Ele aliviou meu fardo e estou cansado de minha enfermidade interior. Quero estar onde viverei para sempre e na companhia daqueles que clamam continuamente: "Santo, Santo, Santo!".

Então Caridade perguntou a Cristão: "Você tem uma família? É casado?".

CRISTÃO: Tenho esposa e quatro filhos pequenos.

CARIDADE: Por que você não os trouxe?

Chorando, Cristão respondeu: "Ah, como desejaria ter feito isso, mas eles foram totalmente contra a minha peregrinação".

CARIDADE: Mas você deveria ter conversado com eles e tentado mostrar o perigo de serem deixados para trás.

---

17 "Tragará a morte para sempre, e, assim, enxugará o SENHOR Deus as lágrimas de todos os rostos, e tirará de toda a terra o opróbrio do seu povo, porque o SENHOR falou" (ISAÍAS 25:8).

"E lhes enxugará dos olhos toda lágrima, e a morte já não existirá, já não haverá luto, nem pranto, nem dor, porque as primeiras coisas passaram" (APOCALIPSE 21:4).

CRISTÃO: Eu tentei. Disse-lhes que Deus me mostrou a destruição da nossa cidade, mas acharam que eu estava louco e não acreditaram em mim.

CARIDADE: Você orou e pediu a Deus que agisse por seu intermédio enquanto os aconselhava?

CRISTÃO: Sim, com muito amor. Minha esposa e filhos são muito queridos por mim.

CARIDADE: Você falou sobre sua tristeza e medo da destruição?

CRISTÃO: Sim, constantemente. Eles viam a expressão de medo em meu semblante, lágrimas e temor por causa da minha apreensão pelo julgamento que pairava sobre nossa cabeça. Mas não foi suficiente para convencê-los a me acompanhar.

CARIDADE: O que eles disseram? Por que não quiseram vir?

CRISTÃO: Bem, minha esposa teve medo de perder este mundo, meus filhos estavam ocupados com os tolos prazeres da juventude, por isso, por causa de uma coisa e outra, me deixaram sozinho nesta jornada.

CARIDADE: Será que, talvez, eles estivessem confusos porque sua vida não correspondia à suas palavras ao tentar convencê-los a vir com você?

CRISTÃO: Na verdade, não posso elogiar minha vida, pois sou consciente de minhas inúmeras falhas, e sei que um homem pode danificar seu testemunho com um mau comportamento. No entanto, posso dizer que era muito cuidadoso, para que alguma ação imprópria afastasse o desejo de eles me acompanharem na peregrinação. Na verdade, minha família me dizia que eu era muito correto e que me negava a certas coisas por causa deles, nas quais eles não viam mal algum. Não, penso que posso dizer que, se viram algo em mim que lhes prejudicou, isto foi a minha grande sensibilidade sobre pecar contra Deus ou de fazer algum mal ao meu próximo.

CARIDADE: Na verdade, Caim odiava seu irmão "porque as suas obras eram más, e as de seu irmão, justas".[18] Provavelmente sua esposa e filhos sentiram-se ofendidos e não ficaram satisfeitos com sua bondade, e "tu livraste a tua alma" do seu sangue.[19]

Vi em meu sonho que continuaram conversando enquanto o jantar era preparado e, em seguida, assentaram-se para comer. A mesa estava posta com um banquete de alimentos ricos e com um bom vinho, e toda conversa ao redor da mesa era sobre o Senhor da montanha; ou seja, sobre o que ele tinha feito, por que fez o que fez, e por que tinha construído aquela casa. E pelo que disseram, percebi que ele fora um grande guerreiro, lutou e derrotou "aquele que tem o poder da morte", arriscando sua própria vida e isso me fez amá-lo mais.[20]

Pois, como disseram, e eu acredito (disse Cristão), Ele o fez com a perda de muito sangue, e o que colocou a glória da graça em tudo o que realizou, foi que Ele o fez por puro amor. E, além disso, alguns da família disseram que haviam estado e falado com Ele desde que morrera na cruz; e eles confirmaram que tinham ouvido de Seus próprios lábios que Ele amava os pobres peregrinos, e amor igual não poderia ser encontrado desde o oriente até o ocidente.

Eles deram um exemplo disto, Ele mesmo tinha se despojado de Sua glória para alcançar os necessitados; e o ouviram dizer e afirmar que Ele não moraria no Monte Sião sozinho. Disseram, ainda, que,

---

18 1 João 3:12

19 "Mas, se avisares o perverso, e ele não se converter da sua maldade e do seu caminho perverso, ele morrerá na sua iniquidade, mas tu salvaste a tua alma" (EZEQUIEL 3:19).

20 Hebreus 2:14,15

por Seu intermédio, muitos peregrinos que nasceram mendigos e, por natureza, estavam destinados à lama, se tornaram príncipes.[21]

E assim, conversaram até tarde da noite. Depois de orarem juntos pedindo a proteção de seu Senhor, foram para a cama. Eles colocaram o peregrino em um grande quarto superior, onde as janelas estavam abertas em direção ao nascer do sol. O nome do aposento era Paz. Cristão dormiu até o raiar do dia, quando acordou e cantou:

Onde estou agora? É este o amor e o cuidado
de Jesus pelos que peregrinam sob Seu cajado?
Prover que eu seja desse modo absolvido!
E descansar ao portal Céu me foi concedido!

Ao amanhecer, todos se levantaram. Depois de passarem um tempo conversando, aconselharam Cristão a não viajar antes de conhecer as várias salas do palácio. Primeiro, eles o levaram para a sala de estudos, onde lhe mostraram registros muito antigos, em que, como lembro no meu sonho, mostraram a genealogia do Senhor da montanha, que era o filho do Ancião de Dias, e veio por meio de uma geração eterna. Aqui também estavam registrados todos os atos dele e os nomes de centenas de pessoas que trabalharam em Seu serviço, e como Ele os colocou em habitações que nem o tempo nem a morte poderiam destruir.

---

21 "Levanta o pobre do pó e, desde o monturo, exalta o necessitado, para o fazer assentar entre os príncipes, para o fazer herdar o trono de glória; porque do SENHOR são as colunas da terra, e assentou sobre elas o mundo" (1 SAMUEL 2:8).

"Ele ergue do pó o desvalido e do monturo, o necessitado" (SALMO 113:7).

Nessa altura, leram para ele algumas ações dignas, praticadas por alguns de Seus servos: como "subjugaram reinos, praticaram a justiça, obtiveram promessas, fecharam a boca de leões, extinguiram a violência do fogo, escaparam ao fio da espada, da fraqueza tiraram força, fizeram-se poderosos em guerra, puseram em fuga exércitos de estrangeiros".[22]

Eles, a seguir, mostraram, em outra parte dos registros da casa, como o Senhor desejava receber Seus queridos, mesmo aqueles que, no passado, o tinham desafiado. Cristão também ouviu outras histórias famosas, antigas e modernas, com profecias e previsões para o futuro, tanto para o medo e espanto dos inimigos como para o conforto e consolo dos peregrinos.

No dia seguinte, eles o levaram para a sala de armas, onde lhe apresentaram todos os equipamentos que seu Senhor fornecia aos peregrinos, como espada, escudo, capacete, couraça, todos os tipos de orações e sapatos que não se desgastam. Seria o suficiente para equipar tantos homens para o serviço do seu Senhor, quanto o número das estrelas no Céu.

Eles também lhe exibiram alguns dos instrumentos que Seus servos usaram para realizar coisas maravilhosas. Mostraram-lhe o cajado de Moisés, o martelo e o prego com que Jael matou Sísera, os cântaros, trompetes e lâmpadas com que Gideão venceu os exércitos de Midiã. Ali, lhe apresentaram a aguilhada de boi com que Sangar matou 600 homens, a queixada com que Sansão realizou atos poderosos, a funda e a pedra que Davi usou para matar Golias, e a espada com que o seu Senhor matará o Homem de Pecado. Além de tudo isto, mostraram-lhe muitas coisas excelentes com que Cristão ficou radiante e feliz. Feito isto, todos foram novamente para cama.

---

22 Hebreus 11:33,34

Ele pretendia continuar a jornada no dia seguinte, mas eles queriam que ficasse mais um dia. "Se o dia estiver ensolarado", disseram, "vamos mostrar as Montanhas das Delícias, as quais lhe acrescentarão mais conforto, pois estão mais perto do seu destino do que este lugar". Então ele consentiu e ficou.

Ao amanhecer o levaram ao topo da casa e lhe pediram que olhasse para o sul. E ele viu a uma grande distância um país montanhoso, bonito, com bosques, vinhas, frutos e flores de todos os tipos, nascentes e fontes, tudo maravilhoso de se ver.[23] Ele perguntou o nome do país, e lhe disseram: "É a Terra de Emanuel, e que pertence a todos os peregrinos, assim como este monte. E quando você chegar lá, conseguirá ver o portão da Cidade Celestial".

Agora, ele achou que deveria partir e eles desejavam que o fizesse. "Mas, primeiro", disseram, "vamos novamente à sala das armas". E assim o fizeram, lá o equiparam da cabeça aos pés, para o caso de surgirem ataques no caminho. Com as novas vestes, os amigos o acompanharam até o portão, e lá ele perguntou ao porteiro se este tinha visto um peregrino passar. O porteiro respondeu afirmativamente.

CRISTÃO: Você o conhece?

PORTEIRO: Ele me disse que seu nome era Fiel.

CRISTÃO: Eu o conheço. Ele vem do lugar onde nasci e era meu vizinho. Será que ele está muito longe?

PORTEIRO: Neste momento, deveria estar ao pé da montanha.

CRISTÃO: Certo, bom Porteiro, que o Senhor esteja com você e o abençoe grandemente pela bondade que demonstrou para comigo.

---

23 "...este habitará nas alturas; as fortalezas das rochas serão o seu alto refúgio, o seu pão lhe será dado, as suas águas serão certas. Os teus olhos verão o rei na sua formosura, verão a terra que se estende até longe" (ISAÍAS 33:16,17).

Então, ele começou a seguir seu caminho, mas Discrição, Piedade, Caridade e Prudência quiseram acompanhá-lo até ao pé da montanha. Eles foram juntos, relembrando as conversas anteriores, até que começaram a descer a montanha. E Cristão comentou: "Assim como foi difícil subir, pelo que posso ver, será perigoso descer".

"Sim realmente é", concordou Prudência, "por isso é difícil para um homem descer para o Vale da Humilhação, que é seu novo destino, foi por isso que decidimos acompanhá-lo". Em seguida ele começou a descer, com muito cuidado, mas escorregou uma ou duas vezes.

Depois, vi no sonho que, quando Cristão chegou na parte inferior da montanha, estes bons companheiros lhe deram um pão, uma garrafa de vinho, e uma porção de passas. E então ele seguiu o seu caminho.

CAPÍTULO 4

No Vale da Humilhação, o pobre Cristão enfrentou grandes dificuldades, pois, em pouco tempo de caminhada, uma criatura demoníaca chamada Apolião cruzou o campo em sua direção. Cristão começou a sentir medo e a se perguntar se deveria voltar ou permanecer onde estava. Mas percebeu que não tinha nenhuma armadura em suas costas, portanto, virar-se daria uma grande vantagem à criatura, e facilmente seria atingido pelas flechas. Portanto, decidiu dar a si mesmo uma chance e permanecer firme. "Essa é a única maneira de salvar minha vida", pensou ele.

Ele continuou o caminho até encontrar-se com Apolião. Agora, o monstro era horrendo: estava vestido com escamas como um peixe (e elas eram seu orgulho); tinha asas de dragão e pés de urso; de sua barriga saía fogo e fumaça; e sua boca parecia a boca de um leão. Ele olhou para Cristão com desprezo e começou a questioná-lo.

APOLIÃO: De onde vem e para onde vai?

CRISTÃO: Venho da Cidade da Destruição, a terra de todo mal, e vou para a Cidade Celestial.

APOLIÃO: Pelo que vejo, você é um dos meus súditos, pois todo o país é meu, e eu sou seu príncipe e deus. Como é que você foge do seu rei? Se não há esperança que você seja meu servo, eu o ferirei com um só golpe.

CRISTÃO: Embora haja nascido em seus domínios, o serviço é pesado e o salário é pouco para o sustento de um homem, "porque o salário do pecado é a morte".[1] Por isso, quando amadureci fiz aquilo que as pessoas ponderadas fazem: procurei meios para crescimento pessoal.

APOLIÃO: Nenhum príncipe desiste de seus súditos facilmente, e não quero perdê-lo. Mas já que reclamou sobre seu trabalho e o salário, se estiver disposto a voltar, prometo dar a você o que nosso país tem a oferecer.

CRISTÃO: Mas já me rendi a outro, o Rei dos reis. Então, como posso cometer tanta injustiça e voltar para você?

APOLIÃO: Como diz o provérbio, você "vai de mal a pior". Mas isto é comum àqueles que professaram ser Seus servos: escorregar e voltar para mim. Se fizer isso também, será muito bem recebido.

---

1 Romanos 6:23

CRISTÃO: Entreguei-lhe minha fé e jurei fidelidade a Ele. Se aceitasse seu pedido, não mereceria eu ser enforcado como um traidor?

APOLIÃO: Você fez o mesmo comigo e continuo disposto a esquecer seu erro se voltar agora.

CRISTÃO: O que prometi o fiz na inocência da juventude e imaturidade. Sei que o Príncipe sob o qual levo a bandeira é capaz de me absolver e perdoar o acordo que fiz com você. Além de tudo, Apolião destruidor, para falar a verdade gosto da obra que pertence a Ele, gosto de Seu salário, de Seus servos, de Seu governo, de Sua companhia e o país dele é melhor do que o seu. Portanto, pare de tentar persuadir-me, sou servo dele e o seguirei.

APOLIÃO: Quando estiver mais calmo, considere novamente o que provavelmente encontrará ao longo do caminho que você está seguindo. Você sabe que, em sua maior parte, Seus servos chegam a um desfecho ruim porque estão contra mim e meus caminhos. Quantos deles passaram pela morte vergonhosa! Você diz que Seu serviço é melhor do que o meu, mas Ele jamais veio e os livrou dessa morte. Mas quanto a mim, tantas vezes, como todo o mundo sabe, livrei, por força ou por estratagemas, meus servos fiéis dele e de Sua influência. Logo, também posso livrar você.

CRISTÃO: No presente, propositalmente, ele não livra Seus servos para provar se eles serão fiéis a Ele até o fim. Embora você diga que eles estão destinados a um fim terrível, na verdade tem sido um crédito glorioso para eles, pois de fato não esperam a libertação aqui, eles anseiam pela glória que terão quando seu Príncipe voltar em Sua glória com os anjos.

APOLIÃO: Você já foi infiel ao realizar Seu serviço. Como você acredita que receberá dele sua recompensa?

CRISTÃO: Em que, Apolião, fui infiel a Ele?

APOLIÃO: Você perdeu a coragem quando partiu e quando caiu no Pântano do Desânimo; em seguida, tentou se livrar do fardo com suas próprias forças, em vez de esperar até que seu Príncipe o tomasse; você dormiu pecaminosamente e perdeu o seu pergaminho; quase desistiu do caminho para evitar os leões; e ainda quando você contou sobre sua viagem, o que ouviu e viu, procurando interiormente a sua própria glória em tudo o que diz e faz.

CRISTÃO: Tudo isso é verdade, e você ainda esqueceu outras coisas; mas o Príncipe a quem sirvo e honro é misericordioso e pronto a perdoar. E, além disso, essas falhas eu as adquiri em seu país, fui vencido e sofri por causa dos meus pecados, mas obtive perdão do meu Príncipe.

Então, Apolião rompeu em uma terrível fúria, dizendo: "Sou inimigo do Príncipe. Eu o odeio, odeio Suas leis e Seu povo; vim com o objetivo de opor-me a você".

CRISTÃO: Apolião, cuidado com o que faz, estou no caminho do Rei, o caminho da santidade; portanto, esteja atento.

Então, Apolião esparramou-se por todo o caminho e disse: "Não tenho medo. Prepare-se para morrer. Eu juro por todos os meus poderes que você não irá adiante, aqui derramarei seu sangue".

E com isso atirou um dardo flamejante em seu peito, mas Cristão tinha um escudo em sua mão, com o qual o apagou e impediu que fosse atingido.

Cristão afastou-se, pois viu que era hora de agir. Apolião veio contra ele, jogando dardos tão grossos como granizo, que, apesar de tudo o que Cristão fez para evitá-los, foi ferido na cabeça, nas mãos e nos pés. Isto fez Cristão contra-atacar. Apolião continuou seu ataque e, novamente, Cristão tomou alento e resistiu corajosamente o quanto lhe foi possível. Este combate durou mais da metade de um dia, até Cristão ficar quase esgotado, pois suas feridas o enfraqueciam mais e mais.

Apolião, vendo que essa era sua oportunidade, começou a se aproximar de Cristão, e lutando com ele, deu-lhe um terrível golpe; a espada de Cristão voou de sua mão. Então, Apolião disse: "Você é meu". E com isso quase o pressionou até a morte, de modo que Cristão começou a lutar pela vida. Mas, como Deus teria feito, enquanto Apolião se preparava para dar o último golpe, acabando com a vida desse bom homem, Cristão agilmente estendeu a mão e pegou sua espada, dizendo: "Não se alegre meu inimigo, quando caio, ainda posso levantar-me",[2] e com isso deu-lhe uma estocada mortal, que o fez se afastar como alguém que recebe um ferimento fatal. Quando Cristão viu isso, aproximou-se novamente, dizendo: "Em todas estas coisas somos mais que vencedores, por meio daquele que nos amou".[3] E com isso, Apolião abriu as asas de dragão e fugiu, de modo que Cristão não o viu mais por um tempo.[4]

Se não o tivesse visto e ouvido, ninguém conseguiria imaginar este combate: que o brado e o rugido horrível de Apolião durante a luta soavam como a voz de um dragão; e do outro lado, que a explosão de suspiros e gemidos vinham do coração de Cristão. Nunca o vi mostrar sequer uma expressão de prazer, até vê-lo ferir Apolião com a espada de dois gumes. Ele sorriu e olhou para cima. Nunca vi uma luta tão medonha.

---

2 "Ó inimiga minha, não te alegres a meu respeito; ainda que eu tenha caído, levantar-me-ei; se morar nas trevas, o SENHOR será a minha luz" (MIQUEIAS 7:8).

3 Romanos 8:37

4 "Sujeitai-vos, portanto, a Deus; mas resisti ao diabo, e ele fugirá de vós" (TIAGO 4:7).

Luta mais injusta dificilmente pode ocorrer—
Que Cristão deva o ser angélico combater;
Mas o homem valente espada e escudo empunhando
Faz o dragão retroceder, o campo abandonando.

Quando a batalha terminou, Cristão disse: "Dou graças Àquele que me livrou da boca do leão e me ajudou a lutar contra Apolião". Ele o fez com estas palavras:

O grande Belzebu, capitão desse inimigo,
Minha ruína designou; então, disso imbuído,
Enviou-o aparelhado: e ele, com ódio infernal,
Ferozmente desferiu seu golpe fatal.
O bendito Miguel, porém, veio em meu auxílio
E eu, pela força da espada, enviei Belzebu ao exílio.
Portanto, a Ele permitam-me eternamente louvar,
E agradecer, e bendizer, o nome que me veio livrar.

Então veio até ele uma mão com algumas folhas da árvore da vida, que Cristão colocou nas feridas recebidas na batalha e foi curado imediatamente. Ele também se sentou naquele lugar para comer o pão e beber do frasco que recebera anteriormente. Depois de revigorado, começou a jornada, mais uma vez, com a sua espada desembainhada, dizendo: "Outros inimigos podem me atacar"; mas não houve outro ataque de Apolião neste vale.

No fim desse vale havia outro, o chamado vale da Sombra da Morte, e Cristão precisou viajar através dele porque o caminho para a Cidade Celestial estava bem no meio do vale. Este vale é um lugar muito solitário. Ou, como o profeta Jeremias descreve: "... um deserto, uma terra de desertos e de covas, terra de seca, e da

sombra da morte, uma terra que nenhum homem passou (mas um Cristão o atravessou), e onde não morava homem algum".[5]

O que Cristão enfrentou aqui foi pior do que a luta com Apolião, como comprovaremos a seguir.

Vi em meu sonho que, quando Cristão alcançou os portões do Vale da Sombra da Morte, encontrou dois homens, filhos de um daqueles que trouxeram um relatório negativo da Terra Prometida,[6] e corriam em outra direção. Cristão iniciou, então, um diálogo com eles:

CRISTÃO: Para onde vão?

HOMENS: Estamos voltando! E você deveria fazer o mesmo, se é que valoriza sua vida ou a paz.

CRISTÃO: Por quê? O que aconteceu?

HOMENS: Íamos para a mesma direção em que você vai, e fomos tão longe quanto ousamos, e de fato tínhamos quase passado do ponto de não poder retornar, pois se tivéssemos ido um pouco mais longe, não estaríamos aqui para lhe trazer notícias.

CRISTÃO: Mas o que vocês encontraram?

HOMENS: Estávamos quase no Vale da Sombra da Morte, mas felizmente olhamos adiante e vimos o perigo que nos aguardava.[7]

CRISTÃO: O que vocês viram?

HOMENS: Veja bem! Vimos que o vale era tão escuro como breu, também vimos duendes, sátiros e dragões da cova. Ouvimos

---

5 Jeremias 2:6

6 Veja Números 13.

7 "...para nos esmagares onde vivem os chacais e nos envolveres com as sombras da morte" (SALMO 44:19).

"Os que se assentaram nas trevas e nas sombras da morte, presos em aflição e em ferros" (SALMO 107:10).

naquele vale um contínuo ruído de uivos e gritos, como as pessoas que viviam em indescritível miséria, presos em aflição e grilhões; e ao longo desse vale pairavam desanimadoras nuvens de confusão. A morte sempre abre suas asas sobre ele. Em uma palavra: terrível em todos os sentidos.[8]

CRISTÃO: Pelo que vocês disseram, acredito que este é meu caminho rumo ao porto desejado.[9]

HOMENS: Pode ser o seu caminho, mas certamente não o escolheremos para nós.

Nesse momento separaram-se e Cristão seguiu seu caminho, mas com a espada desembainhada, caso fosse agredido.

Vi em meu sonho que havia uma vala muito profunda no lado direito, que acompanhava o vale em todo o seu comprimento. Nessa vala, cegos guiavam cegos constantemente, e todos pereciam em extrema pobreza.[10] À esquerda estava um pântano perigoso, e se um bom homem cair ali, não encontrará chão no qual firmar-se e com isso se levantar. Foi nesse lamaçal que o rei Davi caiu uma vez e teria sido sufocado, se não tivesse sido puxado para fora.

---

8 "Reclamem-no as trevas e a sombra de morte; habitem sobre ele nuvens; espante-o tudo o que pode enegrecer o dia" (JÓ 3:5).

"...terra de negridão, de profunda escuridade, terra da sombra da morte e do caos, onde a própria luz é tenebrosa" (JÓ 10:22).

9 "...e sem perguntarem: Onde está o SENHOR, que nos fez subir da terra do Egito? Que nos guiou através do deserto, por uma terra de ermos e de covas, por uma terra de sequidão e sombra de morte, por uma terra em que ninguém transitava e na qual não morava homem algum?" (JEREMIAS 2:6).

10 "...livra-me do tremedal, para que não me afunde; seja eu salvo dos que me odeiam

"...e das profundezas das águas. Não me arraste a corrente das águas, nem me trague a voragem, nem se feche sobre mim a boca do poço" (SALMO 69:14,15).

O caminho também era extremamente estreito e Cristão precisou ser mais cuidadoso que antes, porque quando tentava evitar a vala de um lado, quase escorregava do outro. Quando tentava escapar do pântano, cuidava para não cair na vala. Eu o ouvi suspirar amargamente, pois, além dos perigos mencionados acima, o caminho era tão escuro que muitas vezes, quando levantava o pé para ir adiante, não sabia onde ou sobre o que pisaria.

Pobre homem! Onde estás agora?
Teu dia em noite está escondido.
Bom homem, certo ainda estás, não fiques abatido.
Teu caminho cruza do inferno os portões;
Anima-te, persevera, pois escaparás às provações.

No meio deste vale notei a boca do inferno perto do caminho. "E agora, o que devo fazer?", pensou Cristão. Chamas e fumaça eram expelidas continuamente e em tal abundância, com faíscas e ruídos horríveis (coisas que não poderiam ser combatidas pela espada de Cristão, como aconteceu com Apolião). Ele foi forçado a embainhar a espada e pegar outra arma, chamada invocação, súplica, oração.[11]

11 "...com toda oração e súplica, orando em todo tempo no Espírito e para isto vigiando com toda perseverança e súplica por todos os santos..." (EFÉSIOS 6:18).

Então clamou: "Ó Senhor, te imploro, livra minha alma!".[12] Assim, ele permaneceu por um bom tempo, mas ainda as chamas chegavam até ele. Além disso, ele ouvia vozes tristes e sons de grande movimento indo e vindo, por isso, achava que seria despedaçado ou pisado como a lama das ruas. Ele viu e ouviu estas imagens assustadoras, barulhos terríveis por vários quilômetros, e chegou a um lugar em que pensou ter ouvido uma legião de demônios vindo em sua direção. Ele parou e começou a pensar qual seria a melhor coisa a fazer. Por um momento, cogitou em voltar, mas se lembrou de que deveria ter avançado mais da metade do caminho. Lembrou-se de ter vencido diversos desafios e que seria mais perigoso voltar do que seguir avante, por isso, decidiu continuar. No entanto, os demônios pareciam vir diretamente em sua direção e ele gritou com toda a energia: "Andarei na força do Senhor Deus!". Então, os demônios cederam e mudaram de direção.

Uma coisa que não pude deixar de notar: até agora o pobre Cristão estava tão confuso que não reconhecia sua própria voz. Percebi isso, porque assim que ele alcançou a boca do poço em chamas, um dos demônios aproximou-se por trás e sussurrou-lhe blasfêmias terríveis, e ele pensou que eram pensamentos de sua mente. Essa foi a maior prova que Cristão enfrentou em toda jornada, pensar que blasfemava daquele que tanto amara anteriormente. Ele poderia tê-lo evitado, mas não o fez porque não teve a compreensão de tapar os ouvidos ou descobrir a origem destas blasfêmias.

Cristão viajou nesta condição deplorável por um bom tempo, e pensou ter ouvido a voz de um homem que andava à sua frente e dizia: "Ainda que eu ande pelo vale da sombra da morte, não temerei mal nenhum, porque tu estás comigo".[13]

---

12 Salmo 116:4

13 Salmo 23:4

Ele ficou feliz, e pelas seguintes razões:

Primeiro, por perceber que não estava sozinho neste vale. Havia outros que também temiam a Deus.

Segundo, percebeu que, se Deus estava com aqueles que padeciam nesta situação sombria e escura, também estaria com ele mesmo nas atuais circunstâncias em que Ele parecia não estar presente.[14]

E por último, porque esperava alcançá-los e prosseguir em sua companhia. Assim, continuou o caminho e chamou o homem que estava à sua frente, mas o homem não sabia o que responder, pois também pensava estar sozinho. Em pouco tempo começou a amanhecer e Cristão disse: Ele "torna a densa treva em manhã".[15]

Nesse momento, olhou para trás, não porque desejasse voltar, mas para ver à luz do dia quais perigos havia enfrentado na escuridão. Foi quando ele viu perfeitamente a vala que estava à direita e o pântano à esquerda, e como o caminho entre eles era estreito. Também viu os duendes, sátiros e dragões da caverna ao longe (depois do amanhecer eles não chegaram perto dele), mas lhe foram revelados, de acordo com o que está escrito: "Das trevas manifesta coisas profundas e traz à luz a densa escuridade".[16]

Cristão sentiu-se profundamente impactado por ser liberto de todos os perigos de sua solitária caminhada; embora antes os tivesse temido mais, agora via mais claramente, pois a luz do dia tornara tudo mais visível. Neste tempo, o sol estava nascendo e para Cristão isso foi uma expressão de misericórdia, pois você deve notar que, embora a primeira parte do Vale da Sombra da Morte fosse

---

14 "Eis que ele passa por mim, e não o vejo; segue perante mim, e não o percebo" (JÓ 9:11).

15 Amós 5:8

16 Jó 12:22

perigosa, esta segunda parte por onde ele ainda deveria viajar seria muito mais perigosa. Do lugar de onde estava agora até o fim do vale, o caminho era cheio de ciladas, armadilhas, redes, poços, valas profundas e encostas; envolto pela escuridão, assim como era quando Cristão chegou à primeira parte do caminho. Nele havia milhares de pessoas, que teriam razão para serem lançadas fora dele. Mas como foi dito, o sol estava nascendo, e por isso ele exclamou: "…fazia resplandecer a sua lâmpada sobre a minha cabeça, quando eu, guiado por sua luz, caminhava pelas trevas".[17]

Sob essa luz, portanto, ele chegou ao fim do vale. Vi em meu sonho, que no fim deste vale havia sangue, ossos, cinzas e corpos mutilados de peregrinos que morreram, e enquanto pensava sobre o motivo destas mortes, vi um pouco adiante uma caverna, onde dois gigantes Papa e Pagão, tinham vivido, por cujo poder e tirania homens foram colocados cruelmente à morte e seus restos mortais permanecem lá. Mas Cristão passou por este lugar sem muito perigo, e eu me perguntava como lograra tal êxito. Foi quando soube que Pagão já estava morto há algum tempo e o outro, apesar de ainda estar vivo, enlouqueceu e está com as articulações comprometidas devido o passar dos anos e pelos muitos ataques sofridos em seus

17 Jó 29:3

dias de juventude. Agora, ele apenas pode sentar-se à entrada de sua caverna, sorrindo para os peregrinos à medida que passam e roendo as unhas porque não pode atacá-los.

Cristão seguiu seu caminho. No entanto, ao ver o Ancião sentado à boca da caverna, não sabia o que pensar, especialmente quando o homem falou: "Você nunca mudará até que seja completamente queimado". Mas Cristão ficou quieto e, mostrando-se alegre, passou sem ser prejudicado. Em seguida, ele cantou:

Ó, mundo de maravilhas! (E que mais direi?)
Da aflição que aqui encontrei
Fui mantido ileso! Ó, que seja bendita
A mão que livrou minh'alma aflita!
Perigos de escuridade, demônios, inferno e iniquidade
Envolveram-me enquanto neste vale de adversidade.
Sim, laços, e poços, e armadilhas
e redes por onde se visse
Em toda minha trilha, para que em desprezo e tolice
Fosse eu capturado, enredado e humilhado;
Porém, vivo estou, e que Cristo seja coroado!

CAPÍTULO 5

Agora, à medida que Cristão seguia seu caminho, chegou a uma pequena colina, que fora criada para que os peregrinos observassem o que estava diante deles. Cristão subiu e, olhando à frente, viu Fiel mais adiante, em sua viagem. Cristão disse em voz alta: "Ei! Ei! Olá! Espere e eu serei o seu companheiro". Fiel olhou para trás, e Cristão exclamou novamente: "Espere, espere até que eu o possa alcançar". Mas Fiel respondeu: "Não posso, minha vida depende disso, pois o vingador de sangue está seguindo atrás de mim".

Com isso, Cristão se comoveu e reunindo toda sua força, rapidamente o alcançou, de modo que o último foi o primeiro. Cristão sorriu orgulhoso, porque estava à frente de seu irmão, mas não tomou cuidado com seus passos e de repente tropeçou, caiu e não conseguiu levantar-se novamente até que Fiel viesse ajudá-lo.

Depois, vi em meu sonho, que eles prosseguiram juntos e tiveram uma conversa agradável sobre todas as coisas que haviam acontecido em sua peregrinação. Cristão começou:

CRISTÃO: Meu honrado e amado irmão Fiel, estou feliz por tê-lo alcançado e por Deus ter preparado nosso espírito para que possamos caminhar como companheiros neste caminho agradável.

FIEL: Eu pensei, querido amigo, que teria sua companhia nesta jornada desde nossa cidade, mas como começou antes de mim, fui forçado a vir até aqui sozinho.

CRISTÃO: Quanto tempo você ficou na Cidade da Destruição, antes de sair para sua peregrinação, depois de mim?

FIEL: Até não aguentar mais tempo, pois correu entre todos os cidadãos a notícia sobre sua saída pelo fato de que nossa cidade seria em breve queimada até o chão com o fogo vindo do Céu.

CRISTÃO: Verdade! Nossos vizinhos falaram assim?

FIEL: Sim, por um tempo foi o assunto mais comentado na cidade.

CRISTÃO: E ninguém, além de você, fugiu do perigo iminente?

FIEL: Embora eles comentassem muito sobre o assunto, acredito que não levaram muito a sério, pois no calor da conversa que ouvi, alguns deles falavam com desprezo de você e dessa viagem desesperada (por isso ela foi denominada como peregrinação). No entanto, acreditei e ainda acredito que o final de nossa cidade será com fogo e enxofre, vindo do Céu, por isso decidi fugir.

CRISTÃO: Você teve notícias sobre o vizinho Flexível?

FIEL: Sim, Cristão, ouvi dizer que ele o seguiu até chegar ao Pântano do Desânimo, onde, como alguns disseram, caiu. Ele não queria que soubessem o que fizera, porém, tenho certeza de que ele estava coberto com aquele tipo de sujeira.

CRISTÃO: O que os vizinhos disseram a ele?

FIEL: Assim que voltou, foi ridicularizado por muitas pessoas; alguns zombaram e o desprezaram e ninguém lhe oferecia trabalho. Ele agora está sete vezes pior do que se nunca tivesse deixado a cidade.

CRISTÃO: Mas por que agem contra ele, já que desprezam o caminho que ele abandonou?

FIEL: Eles querem enforcá-lo, por considerá-lo um traidor! Ele não foi fiel à sua profissão. Acredito que Deus estimulou até seus inimigos a escarnecerem dele, por abandonar o caminho.[1]

CRISTÃO: Você conversou com ele antes de sair da cidade?

FIEL: Encontrei-o uma vez nas ruas, mas ele atravessou para o outro lado, como se estivesse envergonhado do que fez. Por isso não conversamos.

CRISTÃO: Bem, quando saímos, tinha grandes esperanças acerca desse homem, entretanto, agora acredito que ele perecerá na destruição da cidade, pois ele se parece com o que diz o verdadeiro provérbio: "O cão voltou ao seu próprio vômito; e: A porca lavada voltou a revolver-se no lamaçal".[2]

---

1 "Persegui-los-ei com a espada, a fome e a peste; fá-los-ei um espetáculo horrendo para todos os reinos da terra; e os porei por objeto de espanto, e de assobio, e de opróbrio entre todas as nações para onde os tiver arrojado; porque não deram ouvidos às minhas palavras, diz o SENHOR, com as quais, começando de madrugada, lhes enviei os meus servos, os profetas; mas vós não os escutastes, diz o SENHOR" (JEREMIAS 29:18,19).

2 2 Pedro 2:22

FIEL: Esses também são os meus temores por ele, todavia quem pode prevenir o inevitável?

CRISTÃO: Bem, vizinho Fiel, vamos mudar de assunto e falar de coisas que nos interessam mais imediatamente. Conte-me sobre suas experiências no caminho, pois sei que encontrou algumas coisas ou deve ter algum milagre para contar.

FIEL: Escapei do pântano em que você caiu e alcancei o portão sem perigo, no entanto, encontrei-me com uma dama, chamada Sensualidade, que gostaria de me prejudicar.

CRISTÃO: Que bom que você se esquivou da rede dela. José foi tentado, e escapou como você, mas isso quase lhe custou a vida.[3] Como foi que ela tentou você?

FIEL: Você não pode imaginar, a menos que conheça como a fala dela é encantadora. Ela fez todos os esforços para conseguir me atrair, prometendo-me todos os tipos de satisfação.

CRISTÃO: Aposto que ela não lhe prometeu a satisfação de uma boa consciência.

FIEL: Você sabe o que eu quero dizer: todos os tipos de satisfação carnal.

CRISTÃO: Graças a Deus você escapou dela, pois o "abominável do Senhor cairá" em sua armadilha.[4]

FIEL: Bem, não sei se me livrei completamente dela.

CRISTÃO: Você consentiu com os seus desejos?

---

3 "...sucedeu que, certo dia, veio ele a casa, para atender aos negócios; e ninguém dos de casa se achava presente. Então, ela o pegou pelas vestes e lhe disse: Deita-te comigo; ele, porém, deixando as vestes nas mãos dela, saiu, fugindo para fora. Vendo ela que ele fugira para fora, mas havia deixado as vestes nas mãos dela" (GÊNESIS 39:11-13).

4 "Cova profunda é a boca da mulher estranha; aquele contra quem o SENHOR se irar cairá nela" (PROVÉRBIOS 22:14).

FIEL: Não! Não me contaminei, pois me lembrei do antigo texto que diz: "Seus passos levam direto para o inferno".[5] Assim, fechei meus olhos para que não fosse enfeitiçado por seu olhar.[6] Então, ela falou asperamente comigo e eu segui meu caminho.

CRISTÃO: Encontrou outras provações durante a viagem?

FIEL: Quando cheguei ao pé da montanha chamada Dificuldade, conheci um homem muito velho que me perguntou quem eu era e para onde ia. Disse-lhe que era um peregrino em direção à Cidade Celestial. Então ele me fez uma proposta: "Você parece um sujeito honesto. Você se contentaria em viver comigo pelo salário que lhe pagarei?". Então perguntei-lhe seu nome e onde morava. Disse que seu nome era Primeiro Adão e morava na Cidade do Erro.[7] Procurei saber que tipo de trabalho tinha e qual seria o salário. Ele me disse que seu trabalho era de muitas delícias e o salário seria tornar-me seu herdeiro. Perguntei-lhe o tipo de casa que tinha e como eram os demais servos. Então, me disse que a casa dele continha todas as coisas deliciosas do mundo e que seus servos eram seus filhos. Indaguei quantos filhos tinha. Ele me contou que tinha três filhas: Concupiscência da Carne, Concupiscência dos Olhos e Soberba da Vida, e que poderia casar-me com todas, se quisesse.[8] A seguir eu quis saber quanto tempo desejaria que morasse com ele e me respondeu que enquanto ele vivesse.

---

5 Provérbios 5:5

6 "Fiz aliança com meus olhos; como, pois, os fixaria eu numa donzela?" (JÓ 31:1).

7 "...no sentido de que, quanto ao trato passado, vos despojeis do velho homem, que se corrompe segundo as concupiscências do engano" (EFÉSIOS 4:22).

8 "...porque tudo que há no mundo, a concupiscência da carne, a concupiscência dos olhos e a soberba da vida, não procede do Pai, mas procede do mundo" (1 JOÃO 2:16).

CRISTÃO: Bem, qual foi a conclusão que você e o velho homem chegaram?

FIEL: No começo eu estava um pouco propenso a ir com ele, porque achei seu discurso bastante agradável, mas olhando para sua testa enquanto falava com ele, vi escrito: "...uma vez que vos despistes do velho homem com os seus feitos".

CRISTÃO: E o que aconteceu depois?

FIEL: Em seguida, veio queimando em minha mente tudo o que ele dissera, embora fossem palavras lisonjeiras, quando me levasse para sua casa me venderia como escravo. Então, disse a ele que poderia parar de falar, porque não chegaria perto da porta de sua casa. Ele me insultou e disse que enviaria alguém atrás de mim para tornar miserável o meu caminho. Quando me virei para deixá-lo, senti ele agarrar meu corpo e me empurrar tão fortemente para trás que pensei que ele tinha arrancado parte de mim. Isto me fez gritar: "Ó homem miserável!",[9] e segui meu caminho até a colina.

Quando cheguei à metade do caminho em direção ao alto, olhei para trás e vi alguém vindo atrás de mim rápido como o vento, ele me alcançou justamente onde o abrigo se encontra.

CRISTÃO: Foi ali que me sentei para descansar; mas caí em um sono profundo e perdi o pergaminho que estava no meu manto.

FIEL: Espere, bom irmão, me ouça. Assim que o homem me alcançou, derrubou-me e permaneci como se estivesse morto. Quando voltei a mim, perguntei por que ele tinha me tratado assim. Ele disse: "Por causa de seu interesse secreto no Primeiro Adão". E com isso me atingiu com outro golpe mortal no peito e me jogou de costas no chão, deixando-me quase morto aos seus pés como

---

9 "Desventurado homem que sou! Quem me livrará do corpo desta morte?" (ROMANOS 7:24).

antes. Quando recuperei as forças novamente, clamei: "Tenha misericórdia!". Mas ele disse: "Não sei como demonstrar misericórdia", e com isso me derrubou novamente. Sem dúvida, ele teria me matado, se alguém não passasse por ali e lhe dissesse que parasse.

CRISTÃO: Quem disse a ele que parasse?

FIEL: A princípio não o reconheci, mas ao passar por mim vi as cicatrizes em Suas mãos e em Seu lado, concluí que fosse o Senhor. Deste modo fui até a colina.

CRISTÃO: Aquele homem que o alcançou era Moisés. Ele não poupa ninguém, nem ele sabe como demostrar misericórdia com aqueles que quebram sua lei.

FIEL: Eu sei muito bem, não foi a primeira vez que ele me encontrou. Foi ele que veio até mim quando vivia na segurança de minha casa para dizer-me que queimaria a casa sobre minha cabeça se permanecesse ali.

CRISTÃO: Mas você não viu a casa que ficava lá no alto do morro, no lado em que Moisés o encontrou?

FIEL: Sim, e os leões também, antes de chegar. Mas acredito que os leões estavam dormindo. E como estava longe de anoitecer, passei pelo porteiro e desci a colina.

CRISTÃO: Ele me disse que viu você passar, mas eu queria que tivesse parado na casa, pois teriam lhe mostrado tantas coisas maravilhosas que jamais esqueceria. Mas diga-me, você encontrou alguém no Vale da Humilhação?

FIEL: Sim, encontrei-me com Descontente, que tentou me persuadir a voltar com ele. Argumentou que o vale era um lugar totalmente sem honra; e que passar por esse caminho significaria desobedecer a amigos como Soberba, Arrogância, Vaidade, Glória-Mundana entre outros, e se ofenderiam se eu tolamente atravessasse este vale.

Descontente

CRISTÃO: E qual foi a sua resposta?

FIEL: Disse a ele que embora todos os nomes mencionados pudessem declarar-se como meus parentes — e com razão, pois eram meus parentes na carne — desde que me tornei um peregrino eles me deserdaram, assim como eu os rejeitei e, portanto, eles são como se nunca tivessem pertencido à minha família. Também mostrei-lhe que ele tinha deturpado bastante este vale, pois "antes da honra vem a humildade e a altivez do espírito precede a queda". Por isso, eu disse: "Prefiro passar por esse vale com a honra que os sábios representam, do que escolher aquilo que ele considerava digno de nossos afetos".

CRISTÃO: Você encontrou algo mais no vale?

FIEL: Sim, encontrei-me com Vergonha. De todos os que encontrei em minha peregrinação, entendi que seu nome é o que menos combina com ela, pois o que mais lhe faz falta é a vergonha.

CRISTÃO: Por quê? O que ela lhe disse?

FIEL: Ela se opôs à religião em si, dizendo que é uma atitude patética, baixa e servil um homem se preocupar com temas religiosos. Disse que ter uma consciência sensível era coisa para os fracos e um homem que observa suas palavras e comportamento perde a liberdade que é sua por direito, e nesta idade o faz parecer ridículo. Ela também se opôs à religião, alegando que poucos poderosos, ricos ou sábios compartilham da minha opinião,[10] nem se preocupam

---

10 "Irmãos, reparai, pois, na vossa vocação; visto que não foram chamados muitos sábios segundo a carne, nem muitos poderosos, nem muitos de nobre nascimento" (1 CORÍNTIOS 1:26).

"Ninguém se engane a si mesmo: se alguém dentre vós se tem por sábio neste século, faça-se estulto para se tornar sábio" (1 CORÍNTIOS 3:18).

"Mas o que, para mim, era lucro, isto considerei perda por causa de Cristo. Sim, deveras considero tudo como perda, por causa da sublimidade

com isto,[11] pois eles não são tolos o suficiente para arriscar a abandonar tudo pelo desconhecido. Ela disse que a maioria dos peregrinos eram pobres e sem instrução. Sim, ela continuou sua avaliação sobre muitas coisas mais: que era uma vergonha sentar-se, lamentar e chorar ao ouvir um sermão, voltar para casa suspirando e gemendo; também é uma vergonha pedir perdão ao vizinho por erros insignificantes ou fazer restituição. Disse também que a religião torna o homem excêntrico para grandes homens, pois rejeita pequenos vícios, o que chamou por nomes mais dignos, e torna um homem de respeito num membro das classes mais baixas, porque estão na mesma fraternidade religiosa. E isto, perguntou ela, não é uma vergonha?

CRISTÃO: E o que você respondeu?

FIEL: A princípio, eu não sabia o que dizer. Ela me deteve por tanto tempo que meu rosto enrubesceu. Finalmente, comecei a pensar sobre o fato de que "...aquilo que é elevado entre homens é abominação diante de Deus".[12] E observei que ela me dizia sobre o que os homens são, mas não me disse nada sobre o que Deus ou a Sua Palavra é. E então pensei que no dia do juízo, não será concedida a morte ou a vida de acordo com os espíritos de intimidação deste mundo, mas de acordo com a sabedoria e a lei do Altíssimo. Por isso, concluí que o que Deus diz é melhor, apesar de todos os homens do mundo serem contra isto. Ao analisar que Deus prefere uma consciência sensível, os que se tornam tolos por causa do

---

do conhecimento de Cristo Jesus, meu Senhor; por amor do qual perdi todas as coisas e as considero como refugo, para ganhar a Cristo..." (FILIPENSES 3:7,8).

11 "Porventura, creu nele alguém dentre as autoridades ou algum dos fariseus?" (JOÃO 7:48).

12 Lucas 16:15

reino dos Céus são sábios; e vendo que o homem pobre que ama a Cristo é mais rico do que o homem mais importante do mundo que o odeia, repliquei: Vergonha, vá embora! Você é uma inimiga para minha salvação! Se eu a ouvir em vez do ouvir meu soberano Senhor, como posso olhar para Ele face a face no Seu retorno? Se me envergonhar agora dos Seus caminhos e servos, como posso esperar receber Sua bênção?[13]

Contudo, Vergonha era uma vilã ousada, mal consegui livrar--me dela. Ela continuou me seguindo e sussurrando ao meu ouvido sobre as várias coisas que estão erradas com a religião. Mas, por último, disse-lhe que era inútil continuar, porque as coisas que ela desprezava eu valorizava mais. Assim, finalmente, passei por essa personagem problemática e quando me livrei dela comecei a cantar:

As provações que encontram o mortal,
Que obedece ao chamado celestial,
São multiplicadas e à carne adequadas,
E vêm, e vêm, e vêm renovadas;
Para que já, ou em outro tempo, sejamos nós
Acossados, vencidos e exilados pelo algoz.
Ó, que todos os peregrinos, todos eles então
Sejam vigilantes e portem-se como varão.

CRISTÃO: Estou feliz, meu irmão, pois resistiu a esta vilã tão bravamente, pois, como você disse, penso que ela tem o nome errado. Ela nos segue corajosamente nas ruas e tenta nos envergonhar diante dos homens, quer dizer, envergonhar-nos a respeito do que é

13 "Porque qualquer que, nesta geração adúltera e pecadora, se envergonhar de mim e das minhas palavras, também o Filho do Homem se envergonhará dele, quando vier na glória de seu Pai com os santos anjos" (MARCOS 8:38).

Soberba
Arrogância

Vaidade
Glória-Mundana

bom. Mas se ela mesma tivesse vergonha, jamais tentaria fazer o que faz. Mesmo assim, continuemos resistindo, pois, apesar de toda sua altivez, ela só reforça a causa dos tolos. "Os sábios herdarão honra",[14] disse Salomão, "mas vergonha será a promoção dos tolos".

FIEL: Para lutar contra Vergonha, penso que devemos clamar ao Senhor que nos torne valentes pela verdade sobre a Terra.

CRISTÃO: Você fala a verdade. Mas, diga-me, encontrou mais alguém naquele vale?

FIEL: Não, não encontrei. O sol brilhou no restante do caminho e também quando passei pelo Vale da Sombra da Morte.

CRISTÃO: Você se saiu melhor do que eu. Assim que cheguei ao Vale da Sombra da Morte, comecei uma batalha longa e terrível com o vil demônio Apolião. Na verdade, pensei que me mataria, especialmente quando me derrubou e esmagou-me como em pedaços. Quando me atingiu, a espada que empunhava voou da minha mão e ele mesmo disse que eu morreria. Mas clamei a Deus, Ele me ouviu e me livrou de todos os problemas. Em seguida, entrei no Vale da Sombra da Morte e não tinha luz por quase metade do caminho. A ideia de que seria assassinado lá me atormentou repetidas vezes, mas ao surgir o último dia, o Sol raiou e segui o restante da jornada com facilidade e muito mais tranquilo.

Além disso, vi no meu sonho que, enquanto eles caminhavam, Fiel olhou para o lado e viu um homem cujo nome é Loquaz caminhando ao lado deles, mas a certa distância (aqui o caminho era largo o suficiente para que as pessoas caminhassem lado a lado). Ele era um homem alto e mais bonito de longe que de perto. Fiel dirigiu-se a este homem desta forma:

FIEL: Amigo, para onde vai? Para a Cidade Celestial?

---

14 Provérbios 3:35

LOQUAZ: Vou para esse lugar.

FIEL: Que bom! Então, se desejar, teremos a sua companhia.

LOQUAZ: Ficaria muito feliz.

FIEL: Então venha, vamos viajar juntos e passar nosso tempo conversando acerca de coisas que são proveitosas.

LOQUAZ: Gosto de falar sobre assuntos que valham a pena, e estou contente por encontrar pessoas com o mesmo pensamento. Para dizer a verdade, existem poucas pessoas que se importam em investir o seu tempo desta maneira quando viajam, a maioria escolhe discutir temas inúteis e isso me incomoda.

FIEL: Isso é realmente lamentável, pois o que é mais digno para uso da língua e da boca humana na Terra do que as coisas do Deus do Céu?

LOQUAZ: Gostei de você, pois suas palavras são cheias de convicção. E quero acrescentar: o que é mais agradável ou benéfico do que falar sobre as coisas de Deus? (Isto é, se um homem tem qualquer prazer em coisas que são maravilhosas). Por exemplo, se um homem gosta de falar sobre a história ou o mistério das coisas, ou se um homem gosta de falar sobre milagres, prodígios ou sinais, onde encontrará relatos mais maravilhosos do que os que estão registrados na Sagradas Escrituras?

FIEL: Isso é verdade. Mas nossa intenção deve ser tirar lucro dessas coisas em nossas conversas.

LOQUAZ: Isso foi exatamente o que eu disse. É mais proveitoso falar dessas coisas, porque o homem pode adquirir conhecimento de muitas áreas, tais como a vaidade das coisas terrestres e os benefícios das coisas sagradas. De maneira mais particular, um homem pode aprender a necessidade do novo nascimento, a insuficiência das nossas obras, a necessidade da justiça de Cristo, e assim por diante. Ao expressar ideias, um homem pode aprender o que é arrepender-se, ter fé, orar, sofrer ou talvez coisas semelhantes. Também pode aprender acerca das grandes promessas e mensagem de conforto do evangelho, para seu próprio benefício. Além disso, o homem pode aprender a refutar falsas opiniões para confirmar a verdade e instruir os ignorantes.

FIEL: Fico feliz em ouvir essas coisas de você.

LOQUAZ: Infelizmente, a falta de tal conversa é o motivo para que poucos compreendam a necessidade da fé e da obra da graça em sua vida a fim de alcançar a vida eterna. Em vez disso, eles ignorantemente vivem pelas obras da Lei, a qual não pode levar o homem ao reino dos Céus.

FIEL: Mas o conhecimento celestial destes assuntos é o dom de Deus, nenhum homem pode alcançá-lo por meios humanos, ou apenas conversando sobre eles.

LOQUAZ: Tudo isso eu sei muito bem. Pois um homem não pode receber coisa alguma a menos que seja dádiva do Céu, e pela graça, não pelas obras. Poderia citar uma centena de passagens bíblicas que confirmam isso.

FIEL: Bem, então, sobre o que vamos conversar?

LOQUAZ: O que você quiser. Posso falar das coisas celestiais ou terrenas, morais ou evangélicas, sagradas ou profanas, passadas ou vindouras, estranhas ou familiares, essenciais ou circunstanciais, desde que tudo isso seja para nosso benefício.

Fiel maravilhou-se com o que ouviu e aproximou-se de Cristão que, todo esse tempo, estava caminhando sozinho e disse suavemente: "Que companheiro corajoso temos! Certamente este homem será um excelente peregrino".

Com isso, Cristão esboçou um sorriso e disse: "Este homem que o entusiasma tanto, poderia com sua língua, enganar 20 pessoas que não o conhecem".

Loquaz

FIEL: Você o conhece?

CRISTÃO: Sim, quase melhor do que ele próprio se conhece.

FIEL: Quem é ele?

CRISTÃO: Seu nome é Loquaz e vive em nossa cidade. Fiquei surpreso que você não o reconhecesse, mas nossa cidade é grande.

FIEL: De quem ele é filho? E onde mora?

CRISTÃO: Ele é o filho de Bem-Falante e morava na Rua das Boas-Palavras; todos os que estão familiarizados com ele o conhecem pelo nome de Loquaz. Apesar da conversa agradável, ele é um sujeito desprezível.

FIEL: Bem, ele parece ser um homem muito simpático.

CRISTÃO: Ele é assim para os que não estão completamente familiarizados com ele, pois tem a melhor aparência em terras estrangeiras mas, perto de casa, é feio. Quando você diz que ele é um homem agradável, lembro-me das obras artísticas, cujas pinturas são mais bonitas à distância, porém, de perto são desagradáveis.

FIEL: Parece que você está zombando de mim.

CRISTÃO: O Senhor me livre de brincar com esse assunto ou de fazer uma acusação falsa! Vou contar-lhe mais sobre ele. Este homem aprecia qualquer companhia e qualquer conversa. O que lhe falou até agora poderá dizer igualmente em uma taverna. Quanto mais bebe mais fala. A religião não tem um lugar em seu coração, em sua casa ou seu comportamento; ele é todo conversa e sua religião é a sua língua.

FIEL: Você não me havia dito! Fui grandemente enganado por este homem.

CRISTÃO: Enganado! Esteja certo disto. Lembre-se do provérbio: "Eles dizem e não fazem",[15] porém, "o reino de Deus não consiste em

---

15 Mateus 23:3

palavras, mas em poder".[16] Ele fala da oração, do arrependimento, da fé e do novo nascimento, mas apenas fala. Já estive com sua família e o observei, tanto em casa como fora dela, e sei que o que digo sobre ele é a verdade. Sua casa é tão vazia de religião como uma clara do ovo é sem sabor. Não há oração, nem sinal de arrependimento pelo pecado, até mesmo os animais servem a Deus melhor do que ele. Para aqueles que o conhecem, ele traz vergonha e opróbrio para o nome do Senhor; no lado da cidade em que mora, é um péssimo exemplo de cristão.[17] As pessoas que o conhecem dizem: "Ele é um santo fora de casa e um demônio em seu lar". Certamente, sua pobre família conhece seu interior: ele é rude, abusivo e injusto com seus servos, e nunca sabem como se aproximar dele. Os homens que têm quaisquer negócios com ele dizem que é melhor lidar com um turco do que com ele, pois receberão um tratamento mais justo. Este Loquaz, se for possível, fraudará, enganará e obterá o melhor das pessoas por meios inescrupulosos. Além disso, ensina os filhos a agir da mesma forma e, se ele encontra em algum deles a timidez tola (pois é assim que chama a consciência sensível), os chama de idiotas, tolos e não dará trabalho a eles nem os recomendará para outros. Acredito que sua vida perversa já levou muitos a tropeçar e cair. E continuará, se Deus não impedir, causando a ruína de muitos mais.

FIEL: Bem, meu irmão, tenho que crer em você. Não apenas porque você disse que o conhece, mas porque olha os homens como um cristão. Também sei que não fala maliciosamente, pois suas palavras são verdadeiras.

---

16 1 Coríntios 4:20

17 "Pois, como está escrito, o nome de Deus é blasfemado entre os gentios por vossa causa. Porque a circuncisão tem valor se praticares a lei; se és, porém, transgressor da lei, a tua circuncisão já se tornou incircuncisão" (ROMANOS 2:24,25).

CRISTÃO: Se eu não o conhecesse tão bem, provavelmente teria pensado da mesma forma. Ouvi essas coisas daqueles que são inimigos da religião, e pensei ser calúnia, já que muitas vezes é o que sai da boca dos homens ímpios ao falar sobre nomes e profissões dos bons homens. Mas, de acordo com meu conhecimento, posso provar que ele é culpado de todas estas coisas e muito mais. Além disso, os homens bons têm vergonha dele, pois não podem chamá-lo de irmão, nem amigo. O som de seu nome os faz enrubescer se o conhecem.

FIEL: Vejo que dizer e fazer são coisas distintas. Daqui em diante, serei cuidadoso em observar essa distinção.

CRISTÃO: De fato, são duas coisas diferentes. Tão diversas como a alma e o corpo, porque assim como o corpo sem a alma é apenas uma carcaça morta, assim são as palavras sem obras. A alma da religião é a parte prática: "A religião pura e sem mácula, para com o nosso Deus e Pai, é esta: visitar os órfãos e as viúvas nas suas tribulações e a si mesmo guardar-se incontaminado do mundo".[18] Loquaz não tem esse conhecimento, ele acha que ouvir e falar faz de alguém um bom cristão e, assim, engana a si mesmo. Ouvir nada mais é que a semeadura da semente; falar não prova que o coração e a vida frutificaram. O que temos certeza é de que no dia do juízo os homens serão julgados de acordo com seus frutos.[19] A pergunta não será: "Você acredita?", mas sim "Você praticou as verdades ou apenas falou sobre elas?". E assim serão julgados. O fim do mundo pode ser comparado à nossa colheita. Sabemos que na colheita os homens estão interessados no fruto e em nada mais. Não que qualquer coisa que não seja o

---

18 Tiago 1:27, veja os versículos 22-26.

19 "Assim, pois, pelos seus frutos os conhecereis" (MATEUS 7:20).

resultado da fé possa ser aceito, mas digo isso para lhe mostrar o quão insignificante a profissão de Loquaz será naquele momento.

FIEL: Isto traz à mente as palavras de Moisés, quando descreveu animais puros.[20] Era aquele que tem o casco fendido e rumina; não só um que tem o casco fendido ou que apenas rumina. O coelho rumina, mas é impuro, porque não têm o casco fendido. E isto é o que se assemelha em Loquaz: ele busca o conhecimento por "mastigar" a palavra, mas não se separou de seus caminhos pecaminosos, por isso, como o coelho, ele é impuro.

CRISTÃO: Por tudo o que conheço, você mostrou o verdadeiro sentido do evangelho daqueles textos. E acrescentarei outra coisa: Paulo chama alguns homens, e aqueles que são grandes faladores também, de "bronze que soa ou como o címbalo que retine", isto é, como ele expõe em outra passagem, "instrumentos inanimados" que emitem som.[21] As coisas sem vida não contêm a verdadeira fé e a graça do evangelho e, consequentemente, essas coisas nunca entrarão no reino dos Céus com aqueles que são os filhos da vida, mesmo que o som da palavra seja como se fosse o idioma ou a voz de um anjo.

FIEL: Bem, a princípio eu não estava apreciando muito sua companhia, mas agora estou realmente enojado disto. Como podemos nos livrar dele?

---

20 Veja Levítico 11 e Deuteronômio 14.

21 "Ainda que eu fale as línguas dos homens e dos anjos, se não tiver amor, serei como o bronze que soa ou como o címbalo que retine. Ainda que eu tenha o dom de profetizar e conheça todos os mistérios e toda a ciência; ainda que eu tenha tamanha fé, a ponto de transportar montes, se não tiver amor, nada serei" (1 CORÍNTIOS 13:1-3).

"É assim que instrumentos inanimados, como a flauta ou a cítara, quando emitem sons, se não os derem bem distintos, como se reconhecerá o que se toca na flauta ou cítara?" (1 CORÍNTIOS 14:7).

CRISTÃO: Siga o meu conselho e faça o que digo e você descobrirá que, em breve, ele também estará cansado de sua companhia, a menos que Deus toque seu coração e o transforme.

FIEL: O que você quer que eu faça?

CRISTÃO: Vá até ele e entre em uma discussão séria sobre o poder da religião, e quando ele concordar com você, pois ele o fará, pergunte-lhe à queima-roupa se este poder foi estabelecido em seu coração, em sua casa ou em seu comportamento.

Fiel avançou os passos novamente e perguntou a Loquaz: "Como você está?".

LOQUAZ: Muito bem, obrigado. Mas pensei que conversaríamos por mais tempo.

FIEL: Bem, se você quiser, podemos continuar. Já que permitiu que eu fizesse uma pergunta, aqui vai: Como você pode dizer quando a graça salvadora de Deus está no coração do homem?

LOQUAZ: Vejo que nossa conversa deve ser sobre o poder das coisas. Bem, é uma pergunta muito boa, e estou disposto a responder-lhe. Primeiro e resumidamente, quando a graça de Deus está no coração, ela clama contra o pecado. Segundo...

FIEL: Espere! Tenha calma! Vamos considerar uma coisa de cada vez. Acredito que você deveria dizer ao contrário, que a graça determina que a alma abomine seu próprio pecado.

LOQUAZ: Por quê? Qual a diferença entre clamar contra o pecado e abominá-lo?

FIEL: Ah! Muita diferença. Um homem pode clamar contra o pecado, como regra geral, mas não pode abominá-lo a menos que sinta ódio dele. Ouço muitos clamarem contra o pecado no púlpito, mas que ainda vivem com ele no coração, no lar e em seu comportamento. A esposa de Potifar clamou com grande voz, como se fosse muito pura, mas ela estava disposta a cometer adultério com José.[22] Alguns clamam contra o pecado, assim como a mãe que, de forma divertida, repreende a filha em seu colo, chamando-a de menina desobediente, e ao mesmo tempo a abraça e beija.

LOQUAZ: Vejo que você está querendo me enredar.

FIEL: Não, só quero acertar as coisas. Então, qual é o segundo meio pelo qual você prova a existência da obra da graça no coração?

LOQUAZ: Um grande conhecimento dos mistérios do evangelho.

FIEL: Este deve ser o primeiro sinal, mas sendo o primeiro ou o último, também é falso, pois o conhecimento, o grande conhecimento, dos mistérios do evangelho podem ser alcançados e, ainda assim, pode não haver obra da graça na alma.[23] Sim, um homem pode ter todo o conhecimento e ainda não ser um filho de Deus. Cristo disse: "Você sabe todas essas coisas?". E os discípulos responderam: "Sim". Então, ele acrescentou: "Bem-aventurados sois se as cumprirdes". A bênção não está no saber, mas no agir. Porque o conhecimento nem sempre é acompanhado pelas ações, como o servo que sabe o que seu mestre quer, mas não faz. Um homem pode ter o conhecimento dos anjos e ainda assim não ser um cristão, por isso esse sinal não é verdadeiro. Na verdade, saber é uma coisa que agrada a faladores e presunçosos, mas o conhecimento prático é o que agrada a Deus. Não que o coração possa ser bom sem conhecimento; sem ele o coração é nada. Existem dois tipos de conhecimento: o conhecimento sobre as coisas; e aquele que é acompanhado com a graça da fé e amor, o qual torna o homem desejoso de fazer a vontade de Deus. O primeiro tipo satisfará o locutor, mas o verdadeiro cristão não se satisfará com um tipo de

22 Veja Gênesis 39:7-23.

23 Veja 1 Coríntios 13.

conhecimento sem o outro. "Dá-me entendimento, e guardarei a tua lei; de todo o coração a cumprirei".[24]

LOQUAZ: Você está tentando fazer-me tropeçar novamente. Isso não é edificante.

FIEL: Bem, se quiser, mencione outro sinal desta obra da graça para nossa discussão.

LOQUAZ: Não, sei que não concordamos.

FIEL: Posso, então, mencionar um sinal?

LOQUAZ: Sinta-se à vontade.

FIEL: A obra da graça na alma é evidente tanto para a pessoa que a possui como para as pessoas que estão ao seu redor. Aquele que a possui tem convicção do pecado, especialmente da corrupção da sua natureza e o pecado da incredulidade (pelo qual ele está seguro de que será condenado se não encontrar misericórdia divina pela fé em Jesus Cristo).[25] Essa convicção lhe causa tristeza e vergonha pelo seu pecado, além disso, lhe revela a sua necessidade de acertar-se com o Salvador do mundo, que o torna faminto e sedento de Deus, e é essa fome e sede de salvação que Deus prometeu satisfazer.[26] Ora, Sua alegria e paz são equivalentes à força ou à fraqueza de sua fé em

---

24 Salmo 119:34

25 "Quando ele vier, convencerá o mundo do pecado, da justiça e do juízo: do pecado, porque não creem em mim..." (JOÃO 16:8,9).

"Desventurado homem que sou! Quem me livrará do corpo desta morte?" (ROMANOS 7:24).

"Quem crer e for batizado será salvo; quem, porém, não crer será condenado" (MARCOS 16:16).

26 "Confesso a minha iniquidade; suporto tristeza por causa do meu pecado" (SALMO 38:18).

"Na verdade, depois que me converti, arrependi-me; depois que fui instruído, bati no peito; fiquei envergonhado, confuso, porque levei o opróbrio da minha mocidade" (JEREMIAS 31:19).

seu Salvador, assim como o seu amor pela santidade e seu desejo de saber mais do Salvador e servi-lo neste mundo. Mas, embora isto se evidencie dessa forma, raramente será capaz de concluir que essa é uma obra da graça, porque sua corrupção e sua razão inadequada o faz subestimar este assunto, portanto exige-se um julgamento justo antes que ele possa concluir com segurança que essa é uma obra da graça. Para outros, é evidente de outras maneiras:

1. Pela confissão de sua fé em Cristo.[27]
2. Pela vida que corresponda a essa confissão, ou seja, uma vida de santidade — santidade de coração, santidade de família (se tiver uma família) e em seu comportamento no mundo. Esta santidade o ensina a abominar o seu próprio pecado, e isso ele faz em particular,

---

"...sabendo, contudo, que o homem não é justificado por obras da lei, e sim mediante a fé em Cristo Jesus, também temos crido em Cristo Jesus, para que fôssemos justificados pela fé em Cristo e não por obras da lei, pois, por obras da lei, ninguém será justificado" (GÁLATAS 2:16).

"E não há salvação em nenhum outro; porque abaixo do céu não existe nenhum outro nome, dado entre os homens, pelo qual importa que sejamos salvos" (ATOS 4:12).

"Bem-aventurados os que têm fome e sede de justiça, porque serão fartos" (MATEUS 5:6).

"E lhe trarão a glória e a honra das nações" (APOCALIPSE 21:26).

27 "Porque com o coração se crê para justiça e com a boca se confessa a respeito da salvação" (ROMANOS 10:10).

"Vivei, acima de tudo, por modo digno do evangelho de Cristo, para que, ou indo ver-vos ou estando ausente, ouça, no tocante a vós outros, que estais firmes em um só espírito, como uma só alma, lutando juntos pela fé evangélica" (FILIPENSES 1:27).

"Aquele, pois, que violar um destes mandamentos, posto que dos menores, e assim ensinar aos homens, será considerado mínimo no reino dos céus; aquele, porém, que os observar e ensinar, esse será considerado grande no reino dos céus" (MATEUS 5:19).

reprimindo o pecado em sua família e promovendo a santidade no mundo — não só em palavras, como um hipócrita ou tagarela o faz, mas de uma forma prática de submissão, na fé e no amor, ao poder da Palavra.[28] E agora, senhor, depois dessa breve descrição da obra da graça e da evidência de seu poder, se tem alguma objeção, sinta-se à vontade, se não, posso levantar uma segunda questão?

LOQUAZ: Não, não cabe a mim discordar, mas ouvir. Faça a segunda pergunta.

FIEL: É esta: Você experimenta a primeira parte dessa descrição da obra de graça? Sua vida e comportamento testemunham isto? Ou a sua religião está em palavras ou em língua, e não em prática e verdade? E se você quiser realmente me responder sobre isto, diga não mais do que aquilo que você sabe que Deus do alto dirá "Amém" e só o que sua consciência pode justificar: "Porque não é aprovado quem a si mesmo se louva, e sim aquele a quem o Senhor louva". Além disso, é muito cruel dizer "eu sou assim e pronto" quando meu comportamento e todos os meus vizinhos dizem que sou mentiroso.

Pela primeira vez Loquaz começou a envergonhar-se. Entretanto, recuperou a pose e replicou:

LOQUAZ: Você veio agora para experimentar, conscientizar e apelar a Deus para julgar o que é dito. Não esperava esse tipo de

---

28 "Se me amais, guardareis os meus mandamentos" (JOÃO 14:15).

"Antes, o seu prazer está na lei do SENHOR, e na sua lei medita de dia e de noite. Ele é como árvore plantada junto a corrente de águas, que, no devido tempo, dá o seu fruto, e cuja folhagem não murcha; e tudo quanto ele faz será bem-sucedido" (SALMO 1:2,3).

"Eu te conhecia só de ouvir, mas agora os meus olhos te veem. Por isso, me abomino e me arrependo no pó e na cinza" (JÓ 42:5,6).

"Ali, vos lembrareis dos vossos caminhos e de todos os vossos feitos com que vos contaminastes e tereis nojo de vós mesmos, por todas as vossas iniquidades que tendes cometido" (EZEQUIEL 20:43).

discussão, nem estou disposto a responder a essas perguntas, porque não sou obrigado, a menos que você esteja assumindo o papel de um catequista, e mesmo que assim agisse, ainda poderia me recusar a torná-lo meu juiz. No entanto, diga-me o motivo para tais perguntas?

FIEL: Porque vi que você estava ansioso para falar. Além disso, para dizer a verdade, eu ouvi dizer que você é um homem cuja religião é superficial e que seu comportamento mostra que aquilo que você professa com a boca não é verdade. Eles dizem que você traz desgraça para o povo de Deus e que o preço da religião é grave devido a um comportamento ímpio. Eles dizem que alguns já tropeçaram por causa dos seus maus caminhos e que estão em perigo de serem destruídos por eles; a sua religião, a taberna, a cobiça, a impureza e palavrões e companhias mentirosas e malvadas serão julgados juntos. Há um provérbio, que se refere a uma prostituta: ela é uma vergonha para todas as mulheres. Então você é uma vergonha para todos os cristãos professos.

LOQUAZ: Já percebi que você gosta de ouvir relatos e julga muito precipitadamente; só posso concluir que você é um homem mal-humorado que não está apto para conversar. Adeus.

Então, Cristão aproximou-se e falou ao seu irmão: "Eu disse o que aconteceria: as suas palavras e os seus desejos não poderiam concordar; ele prefere deixar sua companhia do que mudar sua vida. Mas ele se foi, e eu digo, deixe-o ir, a perda é dele. Ele nos livrou de um problema em deixá-lo. Ele teria sido um obstáculo para nós. Além disso, o apóstolo diz: 'foge destas coisas'".

FIEL: Fico feliz porque tivemos esta discussão, no entanto, quem sabe ele pense sobre o assunto algum dia. Fui sincero e por isso sou inocente do sangue dele se, porventura, a morte for seu destino final.

CRISTÃO: Você fez bem em falar tão claramente. É assim que os cristãos devem lidar com os homens atualmente. Isto torna a religião muito desagradável para muitos, pois esses tolos tagarelas, cuja religião está somente na palavra e têm o comportamento corrupto (ainda sendo muitas vezes admitido na comunhão com os santos), confundem o mundo, difamam o cristianismo e entristecem os sinceros. Desejo que todos os homens lidem com eles como você. Portanto, ou se tornam mais verdadeiros em sua religião ou a companhia dos santos será desagradável para eles.

Em seguida, Fiel exclamou:

Como Loquaz inicialmente se empluma!
Com que ousadia fala! O que faz que presuma
Derrubar tudo diante de si! Mas tão logo
Fiel fala da graça no coração, de modo análogo
À lua minguante, ao horizonte ele se vai.
Assim também vós, que a graça no coração desprezais.

Assim, eles continuaram a conversar sobre o que tinham visto no caminho, tornando a jornada mais fácil, o que, de outra forma, teria sido tediosa, pois agora passavam por um deserto.

CAPÍTULO 6

Quando eles estavam quase fora deste deserto, Fiel olhou para trás e viu alguém que seguia após eles e o reconheceu. "Ó!" disse Fiel, "olhe quem vem lá!" Cristão olhou e disse: "É o meu bom amigo Evangelista". "E é o meu bom amigo também, pois foi ele quem me mostrou o caminho para o portão", explicou Fiel. Evangelista os alcançou e os cumprimentou:

EVANGELISTA: Paz seja com vocês, meus amados, e paz para aqueles que os ajudaram.

CRISTÃO: Bem-vindo, muito bem-vindo, meu bom Evangelista! Seu semblante me faz lembrar da bondade e de seu trabalho para o meu bem eterno.

FIEL: Mil vezes bem-vindo! Como nós, pobres peregrinos, ansiamos por sua companhia!

EVANGELISTA: Como têm se saído, meus amigos, desde que nos vimos pela última vez? Com quem vocês se encontraram e como foi seu comportamento?

Cristão e Fiel contaram todas as coisas que aconteceram durante o caminho e, como e com qual dificuldade chegaram àquele lugar.

EVANGELISTA: Estou feliz, não porque encontraram obstáculos, mas por terem se tornado vitoriosos e que, apesar de muitas fraquezas, continuaram no caminho até o dia de hoje. Quer dizer, estou contente por tudo isso, por mim e por vocês. Eu semeei e vocês colheram. O dia está chegando quando tanto o que plantou quanto os que colheram se alegrarão juntos. Isto é, se permanecerem firmes, no devido tempo, vocês colherão, se não desanimarem.[1] A coroa incorruptível está diante de vocês, então corram para obtê-la.[2] Alguns partiram para conquistar a coroa, e depois de ir muito

---

1 "O ceifeiro recebe desde já a recompensa e entesoura o seu fruto para a vida eterna; e, dessarte, se alegram tanto o semeador como o ceifeiro" (JOÃO 4:36)
"E não nos cansemos de fazer o bem, porque a seu tempo ceifaremos, se não desfalecermos" (GÁLATAS 6:9).

2 "Não sabeis vós que os que correm no estádio, todos, na verdade, correm, mas um só leva o prêmio? Correi de tal maneira que o alcanceis. Todo atleta em tudo se domina; aqueles, para alcançar uma coroa corruptível; nós, porém, a incorruptível. Assim corro também eu, não sem meta; assim luto, não como desferindo golpes no ar. Mas esmurro o meu corpo e o reduzo à escravidão, para que, tendo pregado a outros, não venha eu mesmo a ser desqualificado" (1 CORÍNTIOS 9:24-27).

longe, outros vêm e a carregam com eles. Mantenham o que vocês têm, e que ninguém tome a sua coroa.[3] Vocês ainda não estão fora do alcance do diabo, não têm resistido com seu próprio sangue, deixem o reino estar sempre diante de vocês e acreditem firmemente nas coisas que são invisíveis. Que nada deste mundo faça parte de vocês; e, acima de tudo, atentem para as concupiscências de seu próprio coração, pois ele é enganoso e desesperadamente corrupto; resistam com determinação, pois vocês têm todo o poder do Céu e da Terra ao seu lado.

Cristão agradeceu-lhe a exortação e disse que gostaria que ele falasse mais para auxiliá-los no restante do caminho, pois sabiam que ele era um profeta, e poderia contar-lhes sobre o que lhes aconteceria e como poderiam resistir e vencer essas coisas. Fiel concordou com esse pedido.

EVANGELISTA: Meus filhos, vocês já ouviram falar nas palavras do evangelho, de que passarão por muitas tribulações antes de entrar no reino do Céu. E, em cada cidade, enfrentarão prisão e sofrimento; portanto, não podem esperar que, enquanto a peregrinação avança, não encontrarão desafios. Vocês já encontraram algumas verdades nos testemunhos, e mais virão imediatamente, pois agora, como veem, estão quase fora deste deserto. Portanto, logo entrarão em uma cidade que, em breve, estará diante de vocês. Naquela cidade serão duramente atacados por inimigos que tentarão matá-los e, podem ter certeza, um de vocês ou ambos selarão seu testemunho com sangue, mas sejam fiéis até a morte, e o Rei lhes dará a coroa da vida. Aquele que morrer lá, apesar de sua morte não ser natural e sua dor talvez maior, terá melhor sorte que

3 "Venho sem demora. Conserva o que tens, para que ninguém tome a tua coroa" (APOCALIPSE 3:11).

seu companheiro, não só porque chegará à Cidade Celestial antes, mas porque fugirá das muitas misérias que o outro enfrentará no restante da jornada. Quando chegarem à cidade e se cumprir o que lhes contei, lembrem-se, amigos, comportem-se como homens, entreguem-se ao seu fiel Criador e continuem a praticar o bem.

Vi, em meu sonho, que Cristão e Fiel surgiram do deserto e avistaram uma cidade diante deles. O nome dela era Vaidade e lá havia uma feira, chamada Feira das Vaidades, que funcionava durante todo o ano. É assim denominada porque tudo o que lá se vendia era vão ou inútil; e todos os que a frequentavam eram vãos. Como diz o ditado, "tudo é vaidade".[4]

Essa feira não era um evento criado recentemente, mas um antigo empreendimento. Mostrarei como começou originalmente.

Há quase cinco mil anos, peregrinos, como esses dois homens honestos, dirigiam-se à Cidade Celestial. Belzebu, Apolião, Legião, e seus companheiros viram que os peregrinos passavam pelo meio da cidade de Vaidade. Decidiram criar uma feira que durasse o ano todo, onde seriam oferecidos produtos que inspirassem qualquer espécie de vaidade: casas, terrenos, comércio, cargos, honras, promoções, títulos, países, reinos, concupiscências, desejos e prazeres

---

4 Veja Eclesiastes 1.

"Considerei todas as obras que fizeram as minhas mãos, como também o trabalho que eu, com fadigas, havia feito; e eis que tudo era vaidade e correr atrás do vento, e nenhum proveito havia debaixo do sol.[...] Pelo que aborreci a vida, pois me foi penosa a obra que se faz debaixo do sol; sim, tudo é vaidade e correr atrás do vento" (ECLESIASTES 2:11,17).

"Ainda que o homem viva muitos anos, regozije-se em todos eles; contudo, deve lembrar-se de que há dias de trevas, porque serão muitos. Tudo quanto sucede é vaidade" (ECLESIASTES 11:8).

"Todas as nações são perante ele como coisa que não é nada; ele as considera menos do que nada, como um vácuo (ISAÍAS 40:17).

de todo o tipo, como prostitutas, esposas, maridos, filhos, mestres, servos, vida, sangue, corpos, almas, prata, ouro, pérolas e outras pedras preciosas.

Nesta feira, poderia sempre ser encontrado: malabaristas, trapaceiros, jogos, peças de teatro, pessoas tolas, imitadores, malandros e vilões de toda espécie. Ali, também poderia ser visto, sem custo, furtos, homicídios, adultérios, mentiras e coisas de escarlate.

E, como em outras feiras de menor importância, nela existem várias alamedas e ruas com nomes próprios onde as mercadorias são vendidas. Aqui também havia corredores e ruas (com nomes de países e reinos), onde as coisas desta feira poderiam ser encontradas. Na Feira das Vaidades encontram-se as alamedas Britânica, Francesa, Italiana, Espanhola, Alemã, onde vários tipos de vaidades eram vendidas. E assim como existem mercadorias mais populares em outras feiras, nesta acontecia a mesma coisa, pois os produtos de Roma eram os mais promovidos; entretanto, somente a nossa nação inglesa e outras poucas tinham aversão a ela.

Como disse, o caminho para a Cidade Celestial passava direto pela cidade em que estava a feira, portanto, todo peregrino precisava cruzar por Vaidade. Para evitá-la e chegar à Cidade Celestial, Cristão deveria deixar este mundo.[5] O próprio Príncipe dos príncipes, quando estava aqui, passou por esta cidade quando a feira estava aberta. Creio que o próprio Belzebu, o proprietário da feira, o convidou para comprar algumas de suas vaidades; sim, ele disse que o tornaria seu novo proprietário se o adorasse quando passou pela

---

5 "Já em carta vos escrevi que não vos associásseis com os impuros; refiro-me, com isto, não propriamente aos impuros deste mundo, ou aos avarentos, ou roubadores, ou idólatras; pois, neste caso, teríeis de sair do mundo" (1 CORÍNTIOS 5:10).

Feira das Vaidades

cidade.[6] Belzebu o conduziu de rua em rua e mostrou-lhe todos os reinos do mundo, para que ele, se possível, seduzisse O Abençoado para que este se humilhasse e comprasse alguns de seus produtos, mas O Abençoado não estava interessado nas mercadorias e deixou a cidade sem gastar um centavo.

Esta feira, portanto, era um evento antigo, uma feira de longa duração e muito grande. E estes dois peregrinos, como eu disse, precisavam atravessá-la. Mas quando entraram na feira, todas as pessoas estavam entusiasmadas e os moradores da cidade faziam um grande alvoroço ao redor deles, por alguns motivos:

Primeiro, as vestimentas dos peregrinos eram distintas dos participantes da feira. Portanto, as pessoas os trataram rudemente: alguns os chamaram tolos, outros os consideraram malucos e, finalmente, foram classificados como estrangeiros.

Segundo, assim como menosprezaram a aparência, não conseguiam entender o que os peregrinos diziam. Cristão e Fiel falavam o idioma de Canaã, mas aqueles que participavam da feira eram homens deste mundo, portanto, para eles parecia que ambos eram originários de povos bárbaros.[7]

Terceiro, os comerciantes ficaram muito intrigados porque os peregrinos nem mesmo se interessavam por nenhum de seus artigos, nem

---

6 "Levou-o ainda o diabo a um monte muito alto, mostrou-lhe todos os reinos do mundo e a glória deles..." (MATEUS 4:8).

"E, elevando-o, mostrou-lhe, num momento, todos os reinos do mundo. Disse-lhe o diabo: Dar-te-ei toda esta autoridade e a glória destes reinos, porque ela me foi entregue, e a dou a quem eu quiser. Portanto, se prostrado me adorares, toda será tua" (LUCAS 4:5-7).

7 "...mas falamos a sabedoria de Deus em mistério, outrora oculta, a qual Deus preordenou desde a eternidade para a nossa glória; sabedoria essa que nenhum dos poderosos deste século conheceu; porque, se a tivessem conhecido, jamais teriam crucificado o Senhor da glória" (1 CORÍNTIOS 2:7,8).

mesmo queriam vê-los. Eles não imitavam a aparência dos moradores locais e quando os chamavam para olhar as mercadorias, colocavam os dedos nos ouvidos e clamavam: "Desvia os meus olhos de contemplarem a vaidade", e olhavam para cima, o que significava que seu objetivo estava no Céu.[8]

Certo homem, notando a maneira de agir dos homens, disse em tom de zombaria: "O que vocês querem comprar?". Eles o olharam seriamente e responderam: "Compramos a verdade".[9] Isto lhes deu mais motivo para desprezar os dois homens. Alguns zombaram deles, outros os repreenderam e alguns queriam atacá-los. Finalmente, isto causou grande comoção, transformando a feira numa desordem total. Notícias sobre os acontecimentos chegaram aos ouvidos do diretor da feira, que veio rapidamente e convocou alguns de seus amigos mais confiáveis para prender estes dois homens e, sob custódia, questioná-los. Assim, os dois foram levados a julgamento. Seus inquiridores faziam perguntas acerca de onde vinham, para onde estavam indo e por que usavam essas roupas incomuns. Os homens disseram que eram peregrinos e estrangeiros neste mundo, e que dirigiam-se ao seu país, a Jerusalém celestial,[10]

---

8 "Desvia os meus olhos, para que não vejam a vaidade, e vivifica-me no teu caminho" (SALMO 119:37).

"O destino deles é a perdição, o deus deles é o ventre, e a glória deles está na sua infâmia, visto que só se preocupam com as coisas terrenas. Pois a nossa pátria está nos céus, de onde também aguardamos o Salvador, o Senhor Jesus Cristo" (FILIPENSES 3:19,20).

9 "Compra a verdade e não a vendas; compra a sabedoria, a instrução e o entendimento" (PROVÉRBIOS 23:23).

10 "Todos estes morreram na fé, sem ter obtido as promessas; vendo-as, porém, de longe, e saudando-as, e confessando que eram estrangeiros e peregrinos sobre a terra. Porque os que falam desse modo manifestam estar procurando uma pátria. E, se, na verdade, se lembrassem daquela de onde saíram,

e que não havia motivo para que os habitantes da cidade e comerciantes os maltratassem nem que dificultassem sua jornada, exceto quando um deles perguntou o que eles comprariam, e responderam que comprariam a verdade. Mas aqueles que tinham sido nomeados para julgá-los acreditavam que eram loucos ou causadores de tumulto na feira. Bateram neles, os sujaram com terra e os colocaram em uma prisão para servir de exemplo para todos os que estavam na feira.

Vede a Feira das Vaidades! Lá os peregrinos
São acorrentados e apedrejados;
Mesmo ali tendo passado o Salvador divino,
E no monte Calvário, tenha sido crucificado.

Ficaram lá por algum tempo e foram objetos de diversão, malícia ou vingança dos homens, enquanto o responsável pela feira zombava de tudo que acontecia com eles. Mas, como Cristão e Fiel foram pacientes e não retribuíram o mal com o mal, em vez disso, responderam com palavras bondosas à maldade e aos ferimentos recebidos, alguns homens da feira ficaram mais atentos e menos preconceituosos que os demais, e começaram a repreender e culpar os mais perversos pelos abusos cometidos contra os dois viajantes. Porém, o povo avançou sobre eles com muita ira, considerando-os tão maus quanto os homens na prisão, acusando-os de serem seus cúmplices e que deveriam compartilhar suas desgraças. Em resposta à ameaça, disseram que os homens estavam quietos e sóbrios e não

---

teriam oportunidade de voltar. Mas, agora, aspiram a uma pátria superior, isto é, celestial. Por isso, Deus não se envergonha deles, de ser chamado o seu Deus, porquanto lhes preparou uma cidade" (HEBREUS 11:13-16).

queriam prejudicar ninguém, que havia muitos outros que comercializavam na feira que mereciam ser colocados na prisão, mais do que os dois homens que eles tinham maltratado.

Assim, depois de várias palavras trocadas por ambos os lados (durante as quais os dois homens se comportaram de forma sensata e sóbria), começaram a lutar entre si e a ferir-se uns aos outros. Então estes dois pobres homens foram levados novamente ao tribunal da cidade e acusados de causar os últimos problemas na feira. Em seguida, foram golpeados sem piedade e expostos por toda a feira, presos por correntes para servir de exemplo para que ninguém falasse em seu favor ou se juntasse a eles. Mas Cristão e Fiel comportaram-se com maior sabedoria e suportaram a humilhação e vergonha com tanta mansidão e paciência que conquistaram muitos homens da feira para o seu lado (embora poucos, em comparação com o restante). O povo da cidade ficou tão furioso que condenou os bons homens à morte pelo que fizeram e por iludir outros homens na feira.

Colocaram os viajantes na prisão e amarraram seus pés em troncos, até que futuras ordens fossem emitidas.

Neste momento, Cristão e Fiel se lembraram do que ouviram do fiel amigo Evangelista e fortaleceram-se, pois o sofrimento confirmava o que ele tinha dito que lhes aconteceria. Também se confortaram mutuamente porque aquele que fosse escolhido para sofrer seria abençoado; entretanto, cada homem desejava secretamente receber aquela honra. No entanto, eles se comprometeram a submeter-se à vontade do Sábio dos sábios, aquele que governa todas as coisas. Estavam resignados a sua atual condição, até que Sua vontade futura fosse cumprida.

Finalmente, seu julgamento foi marcado e foram levados diante dos inimigos e acusadores. O nome do juiz era Dr. Ódio-ao-Bem.

As acusações foram as mesmas, apenas com uma variação na forma, e o conteúdo básico foi este:

"São inimigos e perturbaram o comércio; e causaram comoção e dissensão na cidade e conquistaram parte da população com suas opiniões perigosas, em detrimento às leis do príncipe".

Agora, Fiel, sê corajoso e fala por teu Deus:
Não temas a malícia dos maus nem os açoites seus!
Fala com ousadia, homem, a verdade contigo está.
Morre por ela, e à vida em triunfo ascenderás.

Então, Fiel começou a responder às acusações, dizendo que se opunha ao que fosse contra o que se dizia superior ao Altíssimo. "E quanto ao distúrbio", disse, "não fiz nada, sou um homem de paz; as pessoas que vieram a nós foram conquistadas por nossa verdade e inocência, e apenas transformaram-se do pior para o melhor. E quanto ao rei de quem vocês falam, Belzebu, inimigo do nosso Senhor, eu o desafio bem como a todos os seus anjos".

Em seguida, foram convocados aqueles que tinham algo a dizer em favor do rei, seu senhor, contra o prisioneiro no banco dos réus. Eles deveriam comparecer e dar o seu testemunho. Então, três testemunhas vieram: Inveja, Superstição e Adulação. Foram questionados se conheciam o prisioneiro, e o que eles tinham a dizer em favor do rei e contra ele.

Inveja levantou-se e disse: "Meu senhor, conheço este homem há muito tempo e atestarei sob juramento a esse tribunal honrado que ele é...".

JUIZ: Espere um momento! Proceda-se ao juramento.

Assim, eles fizeram o juramento.

Dr. Ódio-ao-Bem

Então, Inveja continuou: "Meu senhor, este homem, independentemente do seu nome, é um dos mais vis em nosso país. Ele não respeita príncipes ou povos, leis ou costumes, mas faz tudo que pode para impressionar pessoas com suas ideias desleais, chamadas por ele de princípios de fé e santidade. Certa vez, o ouvi afirmar que o cristianismo e os costumes de nossa cidade Vaidade eram diametralmente opostos entre si, e que não poderiam ser conciliados. Por isso, meu Senhor, ele não só condena todas as nossas boas obras, mas também a nós que as praticarmos".

JUIZ: Você tem algo mais a dizer?

INVEJA: Meu senhor, poderia falar muito mais, mas não pretendo cansar a corte. No entanto, se os outros cavalheiros não tiverem evidências suficientes para condená-lo, oferecei novamente meu testemunho contra ele.

Pediram que ficasse aguardando. Em seguida, chamaram Superstição e pediram-lhe que olhasse para o prisioneiro, perguntando que evidência ele tinha por seu senhor e rei contra o homem. Após fazer o juramento, começou seu testemunho.

Inveja

SUPERSTIÇÃO: Meu senhor, não o conheço muito bem, nem quero; entretanto, durante uma conversa que tive com ele outro dia, percebi que era encrenqueiro. Enquanto conversávamos, disse que nossa religião é inútil e não agrada a Deus. Vossa Excelência bem sabe que ao dizer isso, ele acusa nossa adoração como sendo vã, que continuamos em nossos pecados e finalmente seremos condenados. É isso que tenho a dizer.

Em seguida, Adulação também fez o juramento e disse ao tribunal o que sabia em favor do seu senhor e rei contra o prisioneiro no banco dos réus.

ADULAÇÃO: Meu senhor, e cavalheiros, conheço este homem há um bom tempo e ouvi coisas que não tenho a ousadia de repeti-las, pois elas insultam nosso nobre príncipe Belzebu e falam com desprezo de seus honrados amigos como o senhor Homem-Velho, o senhor Prazer-Carnal, o senhor Comodidade, o senhor Desejo-de-Vanglória, o respeitável ancião senhor Luxúria, o Cavalheiro Voracidade junto a todo restante de nossa nobreza. Ele ainda disse mais, disse que se tivéssemos a mesma fé, nenhum destes nobres homens continuaria

Superstição

Adulação

a viver nesta cidade. Além disso, ele também não teve medo de falar contra você, meu senhor, que agora é o seu juiz, chamando-o de vilão ímpio e ainda usou muitos outros termos difamatórios, com os quais caluniou a maioria dos cavalheiros de nossa cidade.

Quando Adulação apresentou seu testemunho, o juiz dirigiu-se ao prisioneiro no banco dos réus dizendo: "Você que é renegado, herege, traidor, ouviu o que estes honestos cavalheiros testemunharam contra você?".

FIEL: Posso dizer umas poucas palavras em minha defesa?

JUIZ: Você merece a morte; mas para que todos vejam como somos justos, ouçamos o que um vilão renegado tem a dizer.

FIEL: Primeiro, respondendo à acusação do Sr. Inveja, o que realmente falei foi que qualquer regra, lei, costume ou mesmo um povo que esteja contra a Palavra de Deus é diametralmente oposto ao cristianismo. Se eu falei mal, convença-me do erro e estarei pronto para retratar-me diante de vocês.

Quanto à segunda acusação, que o Sr. Superstição apontou, disse somente isto: Que a fé Divina é exigida na adoração de Deus; mas não existe fé Divina sem a revelação Divina da vontade de Deus. Portanto, qualquer coisa que é feita na adoração a Deus e que não esteja em acordo com à revelação Divina provém da fé humana, a qual não traz vida eterna.

Respondendo ao que Sr. Adulação falou, digo (evitando os termos que me acusariam de injúria e afins) que o príncipe desta cidade e seus assistentes, mencionados por este cavalheiro, estão mais aptos para o inferno do que para esta cidade e país, e que o Senhor tenha misericórdia de mim!

Então o juiz dirigiu-se ao júri, que estava ouvindo e observando: "Cavalheiros do júri, vocês veem este homem, causador de grande alvoroço nesta cidade. Ouviram os testemunhos contra ele apresentados por estes valorosos cavalheiros. Também ouviram a resposta e confissão do réu. Devem decidir agora se deve viver ou morrer, mas acho adequado primeiro instruí-los sobre nossas leis".

"Existia um decreto nos dias de Faraó, o Grande, servo de nosso príncipe, que todos que fossem contrários à religião não deveriam se multiplicar e fortalecer; por isso, todos os bebês do sexo masculino deveriam ser lançados no rio.[11] Também houve outro decreto, na época de Nabucodonosor, o Grande, outro servo de nosso príncipe, determinando que quem não se ajoelhasse e adorasse sua imagem de ouro deveria ser jogado na fornalha.[12] Havia também outra decreto nos dias de Dario que estabelecia que, se alguém, num dado momento, adorasse outro Deus que não fosse ele, deveria ser jogado na cova dos leões.[13] Agora este rebelde quebrou a substância destas leis, não somente em pensamento (o que é ruim o suficiente), mas também em palavras e ações, o que é intolerável."

"No caso de Faraó, sua lei foi fundamentada em uma suposição, para prevenir enganos, visto que ainda não havia crime aparente; mas aqui o crime é evidente. Em relação ao segundo e o terceiro caso, podemos ouvir seus argumentos contra nossa religião e pela traição confessa, ele merece morrer."

Então, o júri composto pelos senhores Cegueira, Injustiça, Malícia, Lascívia, Libertinagem, Temeridade, Altivez, Malevolência, Mentira, Crueldade, Ódio-à-Luz e Implacável saíram para deliberar; cada um deu seu veredito particular e em seguida unanimemente o declararam culpado. O primeiro dentre eles, o Sr. Cegueira, presidente dos jurados, disse: "Vejo claramente que este homem é um herege". Em

---

11 Veja Êxodo 1.

12 Veja Daniel 3.

13 Veja Daniel 6.

seguida, o Sr. Injustiça falou: "Tirem tal homem da terra!". "Eu concordo", falou o Sr. Malícia, "porque odeio simplesmente olhar para seu rosto". O Sr. Lascívia acrescentou: "Nunca pude suportá-lo". "Nem eu", completou o Sr. Libertinagem, "pois estava sempre me condenando". "Enforque-o, enforque-o!", exclamou o Sr. Temeridade. "É um patife", acusou o Sr. Altivez. "Meu coração se levanta contra ele", revelou o Sr. Malevolência. "Ele é um trapaceiro", vociferou o Sr. Mentira. "A forca é boa demais para ele", propôs o Sr. Crueldade. "Vamos nos livrar dele", sugeriu o Sr. Ódio-à-luz. Então, o Sr. Implacável falou: "Mesmo se todo o mundo fosse dado a mim em troca deste homem, não poderia aceitá-lo, por isso vamos trazer imediatamente o veredito de culpado e sentenciá-lo à morte". E assim o fizeram.

Portanto, Fiel foi condenado à morte mais cruel que pôde ser criada.

Eles o conduziram para fora e o puniram de acordo com sua lei. Primeiro, mandaram açoitá-lo, em seguida o esbofetearam e o esfaquearam. Depois o apedrejaram, o golpearam com espadas e, finalmente, queimaram-no na fogueira até que se tornasse cinzas. E foi assim que Fiel morreu.

Vi, atrás da multidão que lá estava, uma carruagem atrelada a alguns cavalos, esperando Fiel para, assim que fosse assassinado por seus adversários, o apanhassem imediatamente e o transportassem através das nuvens, com sons de trombetas, no caminho mais próximo ao Portão Celestial.

Valente Fiel, agiste bravamente em palavra e obras;
Juiz, testemunhas e júri, com suas manobras,
Em vez de derrotar-te, demonstraram sua fúria.
Viverás eternamente, e eles morrerão em penúria.

Mas quanto a Cristão, este recebeu um indulto e voltou para a prisão. Lá permaneceu por um bom tempo, mas Aquele que governa todas as coisas e tem o poder do ódio deles em Sua própria mão habilitou Cristão para escapar deles e continuar em seu caminho. E enquanto seguia, ele cantava:

Bem, Fiel, em fidelidade testemunhaste
De teu Senhor, em quem bênção achaste.

Enquanto os ímpios, com todas as suas vaidades,
Bradam condenados em suas enfermidades,
Canta, Fiel, canta! Pois teu nome prosperará,
Porque, embora te matassem, vivo ainda estás.

CAPÍTULO 7

Vi em meu sonho que Cristão não estava sozinho, pois Esperançoso, que se convertera ao Senhor por meio das palavras e atos que Cristão e Fiel em seus sofrimentos na feira, uniu-se a ele e prometeu que seria seu companheiro de viagem. Em lugar daquele que morrera para ser testemunho da verdade, outro surgiu das cinzas para ser um companheiro de peregrinação para Cristão. Esperançoso também contou a Cristão que havia muito mais homens na feira que eventualmente os seguiriam.

Assim que deixaram a feira, olharam à sua frente e viram um homem chamado Interesse-Próprio. Perguntaram-lhe: “Senhor, de que país você veio e para onde vai?”. Ele respondeu que vinha da cidade de Boas-Palavras e seguia para a Cidade Celestial, mas não lhes disse seu nome.

CRISTÃO: De Boas--Palavras? Existe algo bom ali?[1]

INTERESSE-PRÓPRIO: Espero que sim.

CRISTÃO: Fale-me, senhor, como posso chamá-lo?

INTERESSE-PRÓPRIO: Somos estranhos um para o outro. Se for por este caminho, ficarei feliz em ser sua companhia, se não, devo permanecer contente.

CRISTÃO: Já ouvi falar sobre sua cidade e, pelo que me lembro, dizem que é um país rico.

INTERESSE-PRÓPRIO: Sim. Confirmo que realmente é e tenho muitos parentes ricos lá.

CRISTÃO: Se me permite a ousadia, quem são seus parentes?

INTERESSE-PRÓPRIO: Quase a cidade inteira; e em particular, o Sr. Vira-Casaca, o Sr. Contemporizador, o Sr. Boas-Palavras (cujos

---

1 “...quando te falar suavemente, não te fies nele, porque sete abominações há no seu coração” (PROVÉRBIOS 26:25).

ancestrais deram o nome à cidade), os senhores Afago, Duas-Caras, Qualquer-Coisa — vigário da nossa paróquia —, e Duas-Línguas, irmão de minha mãe. Na verdade, meu bisavô foi um simples remador, que olhava para um lado e remava para o outro e foi assim que conseguimos nossa riqueza.

CRISTÃO: Você é casado?

INTERESSE-PRÓPRIO: Sim, minha esposa é muito virtuosa e filha de uma mulher virtuosa. Ela é filha da Sra. Impostora; portanto, vem de uma família respeitável, e com uma excelente educação. Ela sabe lidar com todos, desde o príncipe até os camponeses. É verdade que divergimos de religiões mais rígidas, mas somente em dois pontos: primeiro, nunca ficamos contra o vento e a maré; segundo, sempre somos mais zelosos quando a religião caminha com chinelos de prata, quando o sol brilha e quando as pessoas aplaudem nossas crenças. Então, Cristão parou ao lado de Esperançoso e disse: "Ocorre-me que este é o Sr. Interesse-Próprio, de Boas-Palavras. Se assim for, temos conosco um dos companheiros mais enganadores nesta terra". Esperançoso sugeriu: "Pergunte a ele. Acredito que não teria vergonha de revelar seu nome". Cristão aproximou-se de Interesse-Próprio e perguntou: "Senhor, você fala como se tivesse mais conhecimento do que qualquer pessoa, e se não estou enganado, acredito que sei quem você é. Não se chama Sr. Interesse-Próprio de Boas-Palavras?".

INTERESSE-PRÓPRIO: Esse não é o meu nome, mas é um apelido que recebi daqueles que não gostam de mim. E, como bons homens assim fizeram, devo aceitá-lo e suportar a crítica.

CRISTÃO: E você não deu algum motivo para que o chamassem por este nome?

INTERESSE-PRÓPRIO: Nunca, jamais! A pior coisa que fiz foi sempre ter a sorte de adequar-me à opinião da maioria e, por este motivo, sempre estive em vantagem. Considero uma bênção as coisas se adequarem à minha visão, e não aceito que pessoas maliciosas me critiquem.

CRISTÃO: Acredito que você é o homem de quem ouvi falar; e penso que este nome combina mais com você do que está disposto a admitir.

INTERESSE-PRÓPRIO: Bem, se você pensa assim, não posso fazer nada. Se aceitasse a minha companhia, descobriria que sou muito agradável.

CRISTÃO: Se desejar nos acompanhar, precisa estar contra o vento e a maré e pelo que vejo, isso é contra suas crenças. Você também deve praticar a religião na pobreza e na riqueza. Permanecer firme na fé quando estiver confinado na prisão ou quando receber aplausos nas ruas.

INTERESSE-PRÓPRIO: Você não deve impor suas crenças à minha mente, nem se apoderar de minha fé; deixe-me viver minha liberdade e acompanhá-los.

CRISTÃO: Não dê nenhum passo, a menos que esteja de acordo com nossas condições.

INTERESSE-PRÓPRIO: Nunca abandonarei meus velhos princípios, uma vez que são inofensivos e vantajosos. Se não posso acompanhá-los, irei sozinho até que alguém me alcance e deseje ter minha companhia.

A seguir, vi em meu sonho que Cristão e Esperançoso o deixaram, ficando certa distância à sua frente, mas um deles, olhando para trás, viu três homens seguindo Interesse-Próprio, e quando foram flagrados, fizeram uma pequena reverência, como se estivessem se despedindo. Os nomes dos homens eram Apego-ao-Mundo, Amor-ao-Dinheiro e Avareza, todos conhecidos de Interesse-Próprio, pois foram colegas de escola e alunos do Sr. Cobiça, um professor

de Amor-ao-Ganho, cidade localizada no município de Ambição do Norte. Este professor ensinava a arte de conseguir coisas, não importava se fosse por violência, fraude, adulação, mentira ou sob o disfarce da religião; e esses quatro cavalheiros aprenderam tão bem a arte de seu mestre, que poderiam conduzir suas próprias escolas.

Bem, depois de se cumprimentarem, o Sr. Amor-ao-Dinheiro perguntou a Interesse-Próprio: "Quem são aqueles dois à nossa frente?". (Cristão e Esperançoso continuavam ao alcance da visão.)

INTERESSE-PRÓPRIO: São uma dupla de compatriotas distantes que estão em peregrinação.

AMOR-AO-DINHEIRO: Por que não esperaram pela nossa companhia? Pois acredito que todos nós estamos no mesmo caminho.

INTERESSE-PRÓPRIO: Sim, estamos. Mas eles são tão rígidos, amam tanto suas próprias crenças e não se importam com a opinião dos outros, que mesmo se um homem tiver bom caráter, mas não concordar com eles em todas as coisas, não o aceitarão entre seu rol de amigos.

AVAREZA: Isso é muito ruim, mas temos lido acerca de algumas pessoas legalistas; e tal rigidez os faz julgar e condenar a todos, menos a si mesmos. Então fale, quais são os pontos diferentes?

INTERESSE-PRÓPRIO: Em sua forma obstinada, acreditam que é seu dever avançar na jornada em todos os tipos de clima e prefiro esperar até que o vento e a maré estejam a meu favor. Eles acham que devemos arriscar tudo por Deus. De minha parte, creio em obter toda a vantagem possível para garantir a vida e assegurar os bens materiais. Eles mantêm suas crenças, apesar de todos os demais serem contra eles, mas eu sou pela religião que garante minha segurança ao longo do tempo. Eles são a favor de uma religião que os torna pobres e perseguidos, enquanto a minha garante a riqueza e os aplausos.

SR. APEGO-AO-MUNDO: Estou do seu lado, Interesse-Próprio, pois considero tolos aqueles que, tendo a liberdade em suas mãos, insensatamente a perderam. Sejamos prudentes como as serpentes, o melhor é cultivar o feno quando o sol brilha; você pode ver como as abelhas são tolas o suficiente para sair em qualquer tempo. Deus não envia o sol e a chuva ao mesmo tempo. Se são tolos em preferir andar na chuva, vamos caminhar no tempo bom. De minha parte, prefiro uma religião que nos dê a segurança das bênçãos de Deus. Ele nos deu as boas coisas da vida, por que não quereria que desfrutássemos delas? Abraão e Salomão eram religiosos e ricos. E Jó diz que um bom homem deve acumular o ouro como pó. Eles não devem ter sido como os homens que viveram antes de nós, se eles são como você os descreveu.

SR. AVAREZA: Creio que todos nós concordamos neste assunto, portanto, não precisamos discutir ainda mais.

SR. AMOR-AO-DINHEIRO: Não precisamos de mais palavras sobre este assunto, pois aquele que não acredita nas Escrituras e na razão (e sabemos que temos as duas ao nosso lado) não conhece a nossa liberdade, nem busca a sua própria segurança.

SR. INTERESSE-PRÓPRIO: Meus irmãos, todos estamos nesta peregrinação; e para que tiremos essas coisas negativas de nossa mente, deixem-me propor uma questão:

Vamos supor que um homem, pastor ou comerciante, tivesse a oportunidade de adquirir as bênçãos desta vida, mas somente se ele, pelo menos na aparência, se tornasse extraordinariamente zeloso em alguns pontos da religião, os quais não o atormentavam anteriormente; não empregaria ele todos os meios para adquirir essas bênçãos e ainda assim continuaria sendo um homem honesto?

SR. AMOR-AO-DINHEIRO: Entendo o significado essencial da sua questão, e com a permissão destes cavalheiros, me esforçarei para formular uma resposta. Primeiro, falarei em relação ao pastor: supondo que ele, um homem digno, possui um pequeno benefício e deseja um maior; ele tem agora a oportunidade de consegui-lo sendo mais estudioso, pregando com mais frequência e zelo, e, porque a natureza das pessoas exige, alterando alguns dos seus princípios. Da minha parte, não vejo razão para que um homem não possa fazer isto e muito mais (desde que tenha um chamado), e ainda continuar sendo um homem honesto. Pois:

1. Seu desejo por desfrutar um benefício maior tem base legal (isto não pode ser contrariado) uma vez que foi disponibilizado diante dele pela Providência; por isso, pode desfrutá-lo, se puder, sem levantar questões de consciência.
2. Além disso, seu desejo pelo benefício o tornará mais estudioso, um pregador mais zeloso e, portanto, um homem melhor. Tornar-se um homem melhor está de acordo com a vontade de Deus.

3. Agora, quanto a sua conformidade com os desejos de seu povo, para servi-los, alterando alguns de seus princípios, isto demonstra que tem um temperamento abnegado, uma natureza gentil e vencedora, virtudes necessárias em um pastor.
4. Concluo, então, que um pastor que troca um pequeno benefício por um maior não deve ser julgado por cobiça. Ao alcançar um benefício maior, seu trabalho melhora, portanto, deve ser considerado como alguém que exerce o seu chamado, dando-lhe a oportunidade de fazer o bem.

E agora, a segunda parte da pergunta, que diz respeito ao comerciante. Supondo que ele seja proprietário de uma pequena empresa e se torne religioso; ele pode aumentar o tamanho de sua loja, talvez conseguir uma esposa rica, ou conquistar mais e melhores clientes para sua loja. De minha parte, não vejo razão pela qual isso não possa ser feito legalmente. Porque:

1. Ser religioso é uma virtude, não importa quais os meios para alcançá-la.
2. Não é ilegal casar-se com uma mulher rica ou conseguir mais clientes para sua loja.
3. Além disso, o homem que alcança bênçãos materiais por meio da religião adquire algo bom daqueles que são bons. Ao tornar-se uma pessoa boa, consegue uma boa esposa, bons clientes, bons salários. Portanto, tornar-se religioso para conquistar coisas boas é um plano muito bom e vantajoso.

A resposta dada por Amor-ao-Dinheiro foi aplaudida por todos; eles concluíram que isto era sadio e vantajoso. E, pensando que não haveria nenhum homem que lhes contestasse, sabendo também que Cristão e Esperançoso estavam ao alcance de suas vozes, concordaram em lançar a questão para os peregrinos, já que se opuseram a Interesse-Próprio. Chamaram os dois homens que se detiveram para esperá-los. Enquanto se aproximavam, resolveram que Apego-ao-Mundo e não Interesse-Próprio lhes propusesse a questão, pois avaliaram que a discussão com Cristão e Esperançoso seria muito acalorada se ele lhes falasse, devido ao acontecimento anterior.

Eles se aproximaram e, depois de um breve cumprimento, Apego-ao-Mundo levantou a questão para Cristão e Esperançoso e pediram-lhe que respondessem, caso pudessem.

CRISTÃO: Até um recém-convertido pode responder dez mil questões como essa. Se é ilícito seguir a Cristo em troca de pães, quanto mais abominável é fazer da religião um disfarce para promover a si mesmo e seus negócios. Somente pagãos, hipócritas, diabos e bruxas pensam desta forma.

1. Quando os pagãos de Hamor e Siquém queriam a filha e o gado de Jacó, foram informados de que não haveria outro meio de conseguir a menos que fossem circuncidados e disseram a seus companheiros: Se cada um dos homens for circuncidado como nós, não só seu gado, seus bens e todos os animais não se tornarão nossos? Eles queriam a filha de Jacó e o gado. A religião de Jacó seria o disfarce usado para lograr riqueza. Leiam toda a história.[2]

---

2 "Vieram, pois, Hamor e Siquém, seu filho, à porta da sua cidade e falaram aos homens da cidade: Estes homens são pacíficos para conosco; portanto, habitem na terra e negociem nela. A terra é bastante espaçosa para contê-los; recebamos por mulheres a suas filhas e demos-lhes também as nossas. Somente, porém, consentirão os homens em habitar conosco, tornando-nos um só povo, se todo macho entre nós se circuncidar, como eles são circuncidados. O seu gado, as suas possessões e todos os seus animais não serão nossos? Consintamos, pois, com eles, e habitarão conosco" (GÊNESIS 34:20-23).

2. Os fariseus eram hipócritas religiosos; as longas orações eram pretexto para apropriarem-se das casas das viúvas; e a maior condenação de Deus, era o julgamento deles.[3]
3. Judas também viveu esta religião. Era religioso para cuidar da bolsa de dinheiro dos discípulos, e para que pudesse se apropriar do que nela estava. Mas ele se perdeu e foi rejeitado como o filho da perdição.
4. Simão, o mágico, também foi desta religião, pois ele queria o Espírito Santo para conseguir dinheiro e, no entanto, recebeu a sentença dos lábios de Pedro.[4]
5. O homem que usa a religião para conquistar o mundo, desperdiçará sua fé em troca do mundo, pois assim como Judas tornou-se religioso para ter o mundo, também vendeu a religião e o seu Senhor para o mundo. Portanto, responder a essa questão afirmativamente, como eu vejo que você já fez, e aceitar tal resposta como verdadeira é ser pagão, hipócrita, perverso e sua recompensa será de acordo com as obras.

Eles ficaram olhando uns para os outros, sem saber o que responder a Cristão. Esperançoso concordou com a resposta de Cristão, por isso, um grande silêncio pairou entre o grupo. Interesse-Próprio e seus companheiros hesitaram, retardando o passo, enquanto Cristão e Esperançoso seguiram o caminho. Cristão falou ao amigo:

---

3 "Guardai-vos dos escribas, que gostam de andar com vestes talares e muito apreciam as saudações nas praças, as primeiras cadeiras nas sinagogas e os primeiros lugares nos banquetes; os quais devoram as casas das viúvas e, para o justificar, fazem longas orações; estes sofrerão juízo muito mais severo" (LUCAS 20:46,47).

4 "...propondo: Concedei-me também a mim este poder, para que aquele sobre quem eu impuser as mãos receba o Espírito Santo. Pedro, porém, lhe respondeu: O teu dinheiro seja contigo para perdição, pois julgaste adquirir, por meio dele, o dom de Deus" (ATOS 8:19,20).

"Se esses homens não conseguem permanecer firmes diante do julgamento humano, o que farão no julgamento divino? Se ficam em silêncio quando são julgados por vasos de barro, o que aconteceria se fossem repreendidos pelas chamas do fogo devorador?".

Cristão e Esperançoso continuaram a jornada até chegar a uma linda planície chamada Alívio, a qual percorreram com grande alegria. Mas a planície era muito estreita, por isso, a cruzaram rapidamente. Do outro lado havia uma pequena colina chamada Lucro e nela havia uma mina de prata. Por lá alguns passaram e quiserem vê-la devido à sua raridade, mas quando chegavam perto do poço, o chão cedia sob eles e morriam. Alguns foram mutilados e nunca mais foram os mesmos até o dia da morte.

A seguir vi, em meu sonho, que perto da estrada, ao lado da mina de prata, estava Demas,[5] chamando os viajantes educadamente para vir e olhar; ele fez um convite para Cristão e Esperançoso: "Olá! Venham, quero mostrar-lhes algo".

CRISTÃO: O que poderia ser tão importante para fazer-nos abandonar o caminho?

DEMAS: Aqui temos uma mina de prata e alguns estão cavando para encontrar o tesouro. Se vocês vierem, com um pouco de esforço conseguirão muitas riquezas.

ESPERANÇOSO: Vamos ver.

CRISTÃO: Eu não vou. Já ouvi falar que muitas pessoas morreram neste lugar. Além disso, o tesouro é uma armadilha àqueles que o procuram, pois ele os impede de prosseguir em sua peregrinação.[6]

---

5 "Porque Demas, tendo amado o presente século, me abandonou..." (2 TIMÓTEO 4:10).

6 "Ora, os que querem ficar ricos caem em tentação, e cilada, e em muitas concupiscências insensatas e perniciosas, as quais afogam os homens na ruína e perdição" (1 TIMÓTEO 6:9).

Cristão respondeu a Demas: “Este lugar não é perigoso? Não impediu a peregrinação de muitos?”.

DEMAS: Não é muito perigoso, exceto para os que são descuidados (enrubesceu ao dizer isto).

CRISTÃO: Não vamos em sua direção, mas seguiremos nossa jornada.

ESPERANÇOSO: Garanto que quando Interesse-Próprio se aproximar e receber o mesmo convite, voltará para olhá-lo.

CRISTÃO: Tenho certeza de que sim, pois esses são seus princípios e centenas já morreram ali.

DEMAS: Vocês não querem mesmo vir e ver a mina?

CRISTÃO: Desta maneira você age como um inimigo do caminho do Senhor e já foi condenado devido à sua obstinação por um dos juízes de Sua Majestade.[7] Por que tenta nos conduzir à mesma condenação? Além disso, se mudarmos o caminho, nosso Senhor, o Rei, certamente ouvirá, e nos envergonharemos. Desejamos permanecer firmes diante dele.

Demas respondeu que também era um de seus irmãos, e que se esperassem um pouco se encontraria com eles.

CRISTÃO: Qual é o seu nome? Não foi seu nome que chamei?

DEMAS: Sim, meu nome é Demas; sou filho de Abraão.

CRISTÃO: Eu o conheço. Geazi é seu tataravô e Judas é seu pai. Você seguiu seu exemplo.[8] Esta é uma armadilha muito cruel. Seu

---

7 “Porque Demas, tendo amado o presente século, me abandonou e se foi para Tessalônica; Crescente foi para a Galácia, Tito, para a Dalmácia” (2 TIMÓTEO 4:10).

8 “Geazi, o moço de Eliseu, homem de Deus, disse consigo: Eis que meu senhor impediu a este siro Naamã que da sua mão se lhe desse alguma coisa do que trazia; porém, tão certo como vive o SENHOR, hei de correr atrás dele e receberei dele alguma coisa” (2 REIS 5:20).

pai foi enforcado como traidor e você merece o mesmo destino. Asseguro que informaremos ao Rei acerca de sua conduta.

Depois disso, seguiram o caminho.

Por este tempo, Interesse-Próprio e seus companheiros surgiram e vi que foram direto para Demas na primeira vez que os chamou. Não é possível ter certeza se caíram no poço, se desceram para cavar em busca do tesouro, ou se foram sufocados pelos gases venenosos. Não tenho certeza, mas o que observei é que nunca mais foram vistos no caminho. Então Cristão cantou:

Interesse-Próprio e o argênteo Demas concordam:
Um convida, o outro aceita, e assim acordam
Em o lucro dividir. E isto lhes advém:
Recebem tudo neste mundo, e nada no além.

Vi que os peregrinos chegaram ao outro lado desta planície e se aproximaram de um local em que havia um monumento antigo, bem ao lado do caminho. Ambos ficaram incomodados com a estranha forma que visualizavam, pois lhes parecia uma mulher transformada num tipo de coluna. Eles ficaram observando por um longo

---

"Então, um dos doze, chamado Judas Iscariotes, indo ter com os principais sacerdotes, propôs: Que me quereis dar, e eu vo-lo entregarei? E pagaram-lhe trinta moedas de prata" (MATEUS 26:14,15).

"Ao romper o dia, todos os principais sacerdotes e os anciãos do povo entraram em conselho contra Jesus, para o matarem; e, amarrando-o, levaram-no e o entregaram ao governador Pilatos. Então, Judas, o que o traiu, vendo que Jesus fora condenado, tocado de remorso, devolveu as trinta moedas de prata aos principais sacerdotes e aos anciãos, dizendo: Pequei, traindo sangue inocente. Eles, porém, responderam: Que nos importa? Isso é contigo. Então, Judas, atirando para o santuário as moedas de prata, retirou-se e foi enforcar-se" (MATEUS 27:1-5).

período sem poder dizer o que era. Finalmente, Esperançoso viu algo escrito na cabeça da estátua. Era uma escrita incomum, mas ele, não sendo acadêmico, chamou Cristão (pois este era mais culto) para ver se descobria o significado; ele se aproximou e descobriu o que estava escrito: "Lembrai-vos da mulher de Ló". Cristão leu para o amigo e depois concluíram que aquele monumento era a estátua de sal na qual a esposa de Ló fora transformada quando fugiu de Sodoma[9] e olhara para trás com um coração ambicioso. Este sinal inesperado e surpreendente deu origem a esta conversa entre eles.

CRISTÃO: Ah, meu irmão! Este sinal veio em momento oportuno, logo após Demas nos convidar para conhecer a Colina Lucro. Se tivéssemos ido, como ele quis, e você estava propenso a fazer, meu irmão, por tudo o que sei, teríamos sido como esta mulher, um espetáculo para aqueles que virão depois de nós.

ESPERANÇOSO: Desculpe-me por ter sido tão tolo e isso me fez pensar por que não me tornei como a esposa de Ló: qual a diferença entre o pecado dela e o meu? Ela apenas olhou para trás e eu tive o desejo de olhar. Que a graça seja reverenciada, e que eu seja envergonhado por permitir que tais desejos entrassem em meu coração.

---

9 "E a mulher de Ló olhou para trás e converteu-se numa estátua de sal" (GÊNESIS 19:26).

CRISTÃO: Vamos registrar o que vimos aqui para nos ajudar no futuro. Esta mulher escapou de um julgamento, pois não morreu na destruição de Sodoma, mas foi destruída por outro juízo, como vimos: foi transformada em estátua de sal.

ESPERANÇOSO: Ela pode ser ao mesmo tempo uma advertência e exemplo para nós. Um alerta de que devemos evitar o pecado e um exemplo de que o julgamento virá sobre nós se não atendermos a este aviso, assim como Coré, Datã, Abirão e os 250 homens que morreram como consequência de seu pecado, tornaram-se um sinal ou exemplo para outros terem cuidado.[10] Mas, acima de tudo, existe algo que me incomoda. Pergunto-me como é que Demas e seus companheiros podem continuar tão confiantes procurando esse tesouro, pelo qual esta mulher que apenas olhou para trás, sem dar um único passo fora do caminho, foi transformada em uma estátua de sal. Especialmente porque desde o julgamento, que a transformou num exemplo para ser visto neste lugar, ela está diante deles e só precisam levantar os seus olhos.

CRISTÃO: É algo para se meditar. Isso indica que seus corações estão desesperadamente pecaminosos. Apenas posso compará-los aos que roubam diante dos juízes ou assaltam bolsas mesmo em face da forca. Conta-se que os sodomitas eram "excessivamente pecadores" porque pecavam "diante do Senhor", isto é, perante Seus

10 "Os filhos de Eliabe: Nemuel, Datã e Abirão; estes, Datã e Abirão, são os que foram eleitos pela congregação, os quais moveram a contenda contra Moisés e contra Arão, no grupo de Corá, quando moveram a contenda contra o SENHOR; quando a terra abriu a boca e os tragou com Corá, morrendo aquele grupo; quando o fogo consumiu duzentos e cinquenta homens, e isso serviu de advertência" (NÚMEROS 26:9,10).

olhos e a despeito da bondade que Ele lhes demonstrou;[11] a terra de Sodoma era como o Jardim do Éden.[12] Isto provocou-lhe ainda mais o zelo, e fez sua praga tão quente como o fogo do Senhor no Céu poderia fazê-lo. Com isto, é lógico concluir que aqueles que pecam abertamente, apesar dos exemplos colocados continuamente diante de si, serão julgados com mais severidade.

ESPERANÇOSO: Sem dúvida, você falou a verdade. Que misericórdia é esta, pois nem eu nem você, especialmente eu, fomos transformados num exemplo como este. Agora é o momento oportuno de agradecer a Deus, temê-lo e sempre lembrar da esposa de Ló.

Vi que os peregrinos dirigiam-se a um agradável rio que o rei Davi chamou de "o rio de Deus", e que João chamou de "rio da água da vida".[13] Agora seu caminho continuava ao longo da margem do rio, e ali Cristão e seu companheiro caminhavam com grande alegria, pois também beberam da água do rio, que era agradável e reanimava seu espírito cansado. Nas margens deste rio, de ambos os lados, havia árvores verdes com todos os tipos de frutos, e as folhas das árvores tinham propriedades curativas. Eles ficaram encantados com os frutos dessas árvores e os comeram junto com as folhas para

---

11 "Ora, os homens de Sodoma eram maus e grandes pecadores contra o SENHOR" (GÊNESIS 13:13).

12 "Levantou Ló os olhos e viu toda a campina do Jordão, que era toda bem-regada (antes de haver o SENHOR destruído Sodoma e Gomorra), como o jardim do SENHOR, como a terra do Egito, como quem vai para Zoar" (GÊNESIS 13:10).

13 "Tu visitas a terra e a regas; tu a enriqueces copiosamente; os ribeiros de Deus são abundantes de água; preparas o cereal, porque para isso a dispões" (SALMO 65:9).
Veja Apocalipse 22.
Veja Ezequiel 47.

prevenir a doença do excesso e outras moléstias às quais os viajantes são suscetíveis. Em ambos os lados do rio havia um prado cheio de belas flores que ficava verde o ano todo. Neste prado eles se deitaram e dormiram, pois ali poderiam descansar com segurança. Ao acordarem, comeram os frutos das árvores e beberam a água do rio e, em seguida, deitaram-se novamente para dormir.[14] Eles fizeram isso por vários dias e noites. Assim, cantaram:

Contemplem como correm os ribeiros cristalinos
Ao longo da estrada, para conforto dos peregrinos;
Os prados verdejantes, além do aroma perfumado,
Trazem-lhes delicadezas. E aquele que acha agrado
Em tais frutos saborosos, sim, e nas árvores frondosas,
Em breve vende tudo, para comprar esta terra ditosa.

Quando sentiram que estavam prontos para seguir adiante (pois ainda não haviam alcançado o fim da jornada), eles comeram, beberam e partiram.

Vi, no meu sonho, que andaram poucos quilômetros quando perceberam que o rio e o caminho se separavam. Eles ficaram um pouco tristes, mas não se atreveram a sair do caminho. Quanto mais o caminho se afastava do rio, mais irregular se tornava, e seus pés padeciam ao caminhar; "assim os peregrinos ficaram muito desanimados por causa do caminho".[15] Ansiavam por uma estrada melhor.

---

14 "Ele me faz repousar em pastos verdejantes. Leva-me para junto das águas de descanso" (SALMO 23:2).

15 "Então, partiram do monte Hor, pelo caminho do mar Vermelho, a rodear a terra de Edom, porém o povo se tornou impaciente no caminho" (NÚMEROS 21:4).

Um pouco à frente, ao lado esquerdo, havia um prado e uma escada que permitia atravessar o muro do "Prado do Caminho Errado". Em seguida, Cristão disse ao seu amigo: "Se este prado está ao lado do nosso caminho, vamos passar por ele". Subiram os degraus e viram o caminho que seguia ao lado da estrada. "É exatamente o que estava pensando", disse Cristão. "Aqui é mais fácil. Venha, Esperançoso, vamos pular."

ESPERANÇOSO: Mas, e se esta estrada nos levar para longe do caminho?

CRISTÃO: Não acredito que seja possível. Você viu que esta trilha segue paralelamente ao nosso caminho?

Portanto, Esperançoso, persuadido por seu amigo, seguiu com ele ao longo do muro, e descobriram que este caminho era mais confortável para seus pés. Então, olharam à sua frente e viram um homem viajando na mesma trilha (seu nome era Vã-Confiança); eles o chamaram e perguntaram aonde este caminho levava. Ele respondeu: "Ao portão Celestial". "Olhe", disse Cristão, "não disse a você? Estamos certos". E continuaram o trajeto com Vã-Confiança à sua frente. Mas observe, a noite chegou e a escuridão intensificou-se, com isso perderam de vista o homem à frente deles.

Os peregrinos agora, para a carne satisfazer,
Buscarão facilidades; mas o que assim proceder
Em novas e maiores dores se precipitará!
Quem à carne quer agradar a si mesmo se destruirá.

Entretanto, aquele que estava adiante deles, não conseguindo ver o caminho, caiu em uma cova profunda,[16] criada propositalmente

16 "Porque os guias deste povo são enganadores, e os que por eles são dirigidos são devorados" (ISAÍAS 9:16).

Vã-Confiança

pelo príncipe daquelas terras para pegar os tolos presunçosos. E despedaçou-se ao cair.

Cristão e Esperançoso ouviram o ruído da queda. Eles o chamaram, perguntando o que havia acontecido, mas não obtiveram resposta, somente o som do seu gemido. Então Esperançoso perguntou: "Onde estamos?", mas o seu companheiro ficou em silêncio, temendo que estivessem distante do caminho correto. Nesse momento começou a chover de maneira intensa, com fortes raios e trovões; e a trilha começou a ficar inundada.

Esperançoso gemeu, dizendo para si mesmo: "Ó, deveria ter permanecido no meu caminho!".

CRISTÃO: Quem imaginaria que esta trilha nos levaria para longe do caminho verdadeiro?

ESPERANÇOSO: Desde o princípio fiquei temeroso, por isso estava mais cauteloso. Deveria ter sido mais incisivo, mas você é mais experiente que eu.

CRISTÃO: Meu bom irmão, não se ofenda. Lamento tê-lo trazido para fora do caminho e colocado você em risco de perigo tão iminente. Por favor, me perdoe, meu irmão, não fiz isto com más intenções.

ESPERANÇOSO: Conforte-se, meu irmão, eu o perdoo, e creio também que tudo isso será para o nosso bem.

CRISTÃO: Sou grato por ter um irmão misericordioso ao meu lado. Mas não podemos continuar aqui. Vamos tentar voltar.

ESPERANÇOSO: Deixe-me ir adiante, bom irmão.

CRISTÃO: Não, se você permitir, quero ir à frente. Se houver algum perigo quero ser o primeiro a enfrentá-lo, pois a culpa é minha por estarmos fora do caminho.

ESPERANÇOSO: Não, você não deve ir primeiro, pois está aborrecido, e isso pode desviar-nos novamente do caminho.

Então, para seu encorajamento, ouviram uma voz que dizia, "…presta atenção na vereda, no caminho por onde passaste; regressa".[17] Mas a água subia rapidamente, tornando a estrada mais perigosa. (Então pensei: é mais fácil sair do caminho quando estamos nele, do que entrar quando estamos fora.) Tentaram voltar, mas estava tão escuro e a inundação tão alta, que quase se afogaram nove ou dez vezes.

Não conseguiriam, com todas suas habilidades, voltar naquela noite até o local onde tinham pulado o muro. Finalmente, encontraram um pequeno abrigo, sentaram-se para descansar até o amanhecer, mas estando fracos, caíram no sono.

Havia, perto de onde estavam, um castelo chamado Castelo da Dúvida, propriedade do Gigante Desespero; dele também era a terra onde estavam dormindo. Assim, quando se levantou de manhã cedo e andou em seus campos, encontrou Cristão e Esperançoso dormindo em sua propriedade. Com voz aborrecida e mal-humorada, ele os acordou e lhes perguntou de onde eram, e o que estavam fazendo em sua terra. Disseram-lhe que eram peregrinos e que haviam perdido o rumo. Então o gigante lhes disse: "Vocês entraram em minha propriedade e dormiram nos meus campos, portanto, devem vir comigo". Assim, foram forçados a segui-lo, pois o gigante era mais forte do que eles. Reconheciam que tinham pouco a dizer, sabendo que estavam errados. O gigante incitou-os a seguirem à sua frente e os colocou num calabouço escuro dentro de seu castelo, um lugar nojento e malcheiroso para o espírito destes dois homens. Ficaram presos desde a quarta-feira de manhã até o sábado à noite, sem um pedaço de pão, uma gota de água, iluminação ou alguém que lhes perguntasse como estavam. Ficaram nessa situação horrível, longe

---

17 Jeremias 31:21

Gigante Desespero

de amigos e conhecidos.[18] Agora neste lugar, Cristão ficou inconsolável, pois foi devido à sua imprudência que estavam em tal situação.

O Gigante Desespero tinha uma esposa, chamada Incredulidade. Ao ir para a cama, contou à esposa que tinha capturado dois prisioneiros e os havia lançado no calabouço por invadir suas terras. Perguntou a ela o que deveria fazer com eles. Ela quis saber quem eram, de onde vinham e para onde estavam indo. Ele deu as respostas e a esposa o aconselhou a espancá-los sem misericórdia na manhã seguinte.

Por isso, ao levantar-se, pegou um taco de golfe feito de madeira de cerejeira, e desceu para o calabouço. Primeiro, repreendeu-os como se fossem cães, entretanto, eles não esboçaram nenhuma queixa. Depois, surrou-os até que ficassem sem condições de se mover. Em seguida, abandonou-os em sua miséria. Durante todo o dia, nada fizeram além de suspirar e gemer amargamente. Na noite seguinte, ao falar com o marido sobre eles e saber que ainda estavam vivos, ela sugeriu que ele os aconselhasse a cometer suicídio. Assim, pela manhã, ele desceu ao calabouço, tratou-os rudemente como antes, e vendo que estavam muito doloridos devido à surra que lhes dera no dia anterior, disse que nunca conseguiriam escapar daquele lugar, que a única saída para eles seria acabar com a própria vida usando uma faca, corda ou veneno. "Por que deveriam escolher a vida, já que esta se resume a tanta amargura?", sugeriu-lhes. Entretanto, os peregrinos suplicavam que os deixassem ir. Com olhar cheio de cólera, correu em sua direção e, sem dúvida, os teria matado ele mesmo, não fosse um de seus costumeiros ataques (algumas vezes o calor do sol lhe acarretava convulsões), e perdeu o uso da mão por algum tempo, por isso ele se retirou e os deixou antes de considerar

18 "Para longe de mim afastaste amigo e companheiro; os meus conhecidos são trevas" (SALMO 88:18).

o que fazer. Em seguida, os prisioneiros discutiram se deviam ou não levar em conta o seu conselho.

CRISTÃO: Irmão, o que devemos fazer? Neste momento, nossa vida é miserável. De minha parte, não sei se é melhor viver desta maneira ou morrer imediatamente. Minha alma escolheria a forca em vez da vida, e a sepultura é melhor do que este calabouço.[19] Devemos seguir o conselho do gigante?

ESPERANÇOSO: Na verdade nossa condição atual é terrível, a morte seria muito bem-vinda para mim, melhor do que viver assim para sempre. Mas lembremo-nos de que o Senhor do país para onde vamos, ordenou: "Não matarás". Quanto mais errado não seria matar a nós mesmos? Além disso, aquele que mata outra pessoa só comete assassinato contra o corpo, mas os suicidas matam o corpo e a alma. E, ademais, meu irmão, você fala da facilidade de ir para a sepultura, mas esqueceu-se do inferno para onde os assassinos vão? Pois "todo assassino não tem a vida eterna permanente em si".

Consideremos novamente que a lei não está nas mãos do Gigante Desespero. Pelo que pude perceber, outros também foram capturados por ele, mas escaparam. Quem sabe, o Deus que criou o mundo cause a morte do Gigante Desespero? Ou, talvez, em algum momento ou outro se esqueça de nos trancar? Ou pode ter mais uma de suas crises e perder o uso de seus membros? Se assim for, prometo de todo o coração, fazer o melhor para ficar longe dele. Fui um tolo em não tentar antes, mas, meu irmão, sejamos pacientes e esperemos mais um pouco. Chegará o momento em que escaparemos. Não sejamos nossos próprios assassinos.

Com estas palavras, Esperançoso acalmou o irmão, e assim suportaram a escuridão daquele dia, em sua triste condição.

---

19 "...pelo que a minha alma escolheria, antes, ser estrangulada" (JÓ 7:15).

Bem no início da noite, o gigante desceu novamente ao calabouço para ver se os prisioneiros tinham seguido o seu conselho. Mas, ao chegar lá, encontrou-os vivos, praticamente mortos, pois lhes faltava pão e água, e por causa dos ferimentos que receberam quando surrados; quase não conseguiam respirar. Mas o gigante os encontrou vivos, com isto sentiu um intenso furor e lhes disse que por terem desobedecido o seu conselho, eles desejariam nunca ter nascido.

Nisto eles tremeram muito e Cristão desmaiou. Mas depois de recobrar a consciência, começaram a discutir novamente sobre fazer o que o gigante aconselhou. E, mais uma vez, Cristão estava propenso a fazê-lo, mas Esperançoso respondeu: "Meu irmão, você não recorda quanta coragem demonstrou até agora? Apolião não conseguiu destruí-lo, tampouco tudo que ouviu, viu e sentiu no Vale da Sombra da Morte. Pense sobre as dificuldades, terror e perturbação que já passou. Estou ao seu lado no calabouço; um homem que tem a natureza mais fraca que você. Este gigante também me acorrentou como fez a você e me negou pão e água, e como você, sofro sem a luz. Vamos exercitar um pouco mais de paciência; lembre-se de como foi corajoso na Feira das Vaidades, onde não teve medo das correntes, da prisão, nem mesmo da morte sangrenta. Portanto, vamos pelo menos evitar a vergonha inapropriada para um cristão e resistamos com a paciência que nos for possível".

Anoiteceu. O gigante e sua esposa foram para o quarto, e Incredulidade perguntou ao marido se os prisioneiros seguiram seu conselho. Gigante Desespero respondeu: "Eles são miseráveis. Preferiram sofrer a tirar a própria vida". Então ela disse: "Leve-os ao jardim do castelo e mostre os ossos e crânios daqueles que você destruiu. Faça-os acreditar que antes do fim da semana serão os próximos a serem despedaçados, como você fez com outros que vieram antes deles".

Ao amanhecer, o gigante foi até o calabouço e os levou para o jardim do castelo e fez o que a esposa sugeriu. "Esses homens era peregrinos como vocês", disse. "Eles também entraram em minha propriedade. Eu os destruí facilmente, como acontecerá a vocês em dez dias. Vamos! Voltem ao calabouço!". E enquanto falava, ele os golpeava por todo trajeto. E, como nos outros dias, passaram o dia de sábado em estado deplorável.

Quando chegou a noite, a Sra. Incredulidade e seu esposo Desespero, mais uma vez conversaram sobre os prisioneiros. O velho gigante estava impressionado pelo fato de que os açoites e os conselhos ainda não tivessem destruído os peregrinos. A esposa replicou: "Temo que tenham a esperança de que alguém os livrará, ou que tenham algum instrumento que os permita escapar". "Você acredita nisso?", perguntou o gigante. "Nesse caso, vou procurá-los pela manhã."

Bem, no sábado à meia-noite os peregrinos começaram a orar até quase raiar o dia.

Antes do amanhecer, o bom Cristão irrompeu em um discurso apaixonado: "Que tolo tenho sido em ficar neste calabouço terrível quando podia sair livremente! Tenho uma chave no peito chamada Promessa, a qual, estou certo, abrirá qualquer tranca do Castelo da

Dúvida". Em seguida Esperançoso respondeu: "Que boas-novas, bom irmão, tire a chave do peito e veja se consegue".

Cristão então pegou a chave da Promessa e tentou abrir a porta do calabouço, enquanto girava, o ferrolho deslizou para trás, a porta se abriu facilmente e ambos saíram. Dirigiram-se à porta externa que dava para o pátio do castelo, e com sua chave também abriu aquela porta. Depois abriu o portão de ferro, pois também precisava ser aberto. A fechadura era muito difícil de girar, mas a chave fez abri-la. Em seguida, abriram o portão para fugir rapidamente, mas o portão rangeu tão forte ao abrir que despertou o Gigante Desespero. Ele levantou-se apressadamente para alcançar os prisioneiros, mas sentiu as pernas falharem, pois teve um de seus ataques novamente, de modo que não conseguiu ir atrás deles. Então, Cristão e Esperançoso chegaram à estrada do Rei, e, portanto, encontraram-se a salvo, porque estavam fora da jurisdição de Desespero.

Agora, quando voltaram pela escada que cruzaram inicialmente, começaram a pensar em como poderiam evitar que outras pessoas caíssem nas mãos do Gigante Desespero. Eles decidiram erigir uma coluna e gravar esta frase sobre ela: "Esse caminho vai para Castelo da Dúvida, propriedade do Gigante Desespero, que despreza o Rei do País Celestial e tenta destruir seus santos peregrinos". E assim, muitos dos que seguiram o caminho liam a mensagem e escapavam do perigo. Em seguida, cantaram:

Quando do caminho nos afastamos, descobrimos
O que era trilhar sobre proibidos abismos.
E que sejam cautelosos os que após nós virão
Para que a negligência não os torne como nós então.
Para que, ao transgredir, não se tornem prisioneiros
Do dono do Castelo da Dúvida cujo nome é Desespero.

[illegible] y [illegible] muy [illegible], y [illegible]

el Sr. de [illegible] q. le [illegible] un [illegible]

[illegible] mis agentes [illegible] la [illegible]

de todo los recursos de aquella [illegible]

[illegible] la [illegible] de Sto. Pedro,

[illegible] han [illegible] tambi[illegible]

[illegible] un golpe sobr[illegible]

[illegible]

CAPÍTULO 8

Cristão e Esperançoso viajaram até chegar às Montanhas das Delícias, que pertenciam ao Senhor daquela montanha da qual falamos anteriormente; eles subiram as montanhas para olhar os jardins e pomares, vinhedos, fontes de águas, onde bebe-ram, lavaram-se e se alimentaram livremente das uvas. Sobre o cume destas montanhas, ao lado do caminho, estavam os pastores cuidando de seus rebanhos. Os dois peregrinos se aproximaram deles e, inclinando os bor-dões (assim como todos os peregrinos cansados fazem para conversar com alguém no caminho), perguntaram: "Quem é o dono das Montanhas das Delícias? De quem é o gado que pasta neste local?".

A montanhas aprazíveis agora ascendem,
Onde estão os pastores que lhes advertem
Sobre todos os perigos e todos os encantos,
A que os peregrinos resistem por fé e temor santo.

PASTORES: Estas montanhas são da Terra de Emanuel, e estão à vista de Sua cidade. Também são de Sua propriedade as ovelhas, e Ele deu sua vida por elas.[1]

CRISTÃO: Este caminho conduz à Cidade Celestial?

PASTORES: Você está exatamente no caminho.

CRISTÃO: Está longe?

PASTORES: Bem longe para muitos, mas não para aqueles que anseiam alcançá-la.

CRISTÃO: O caminho é seguro ou perigoso?

PASTORES: Seguro para aqueles a quem deve ser seguro, "...mas os transgressores neles cairão".[2]

CRISTÃO: Neste lugar existe refúgio para os peregrinos que estão fracos e fatigados?

PASTORES: O Senhor destas montanhas nos ordenou acolher os estrangeiros,[3] portanto, as coisas boas deste lugar estão disponíveis para vocês.

---

1 "Eu sou o bom pastor. O bom pastor dá a vida pelas ovelhas" (JOÃO 10:11).

2 Oseias 14:9

3 "Não negligencieis a hospitalidade, pois alguns, praticando-a, sem o saber acolheram anjos" (HEBREUS 13:2).

Vi, em meu sonho, que quando os Pastores reconheceram que aqueles homens eram peregrinos, fizeram-lhes perguntas (as quais responderam como em outros momentos): “De onde são?”, “Como chegaram ao caminho?”, “O que os ajudou a serem perseverantes? Pois poucos daqueles que iniciam a jornada a este lugar mostram suas faces nestas montanhas”. Quando os Pastores ouviram as respostas ficaram alegres e com olhar amável disseram: “Sejam bem-vindos às Montanhas das Delícias”.

Os Pastores, cujos nomes eram Conhecimento, Experiência, Vigilância e Sinceridade os seguraram pelas mãos, os conduziram até suas tendas e os fizeram participar daquilo que havia sido preparado para eles. Também disseram: “Gostaríamos que ficassem aqui para que nos conheçamos melhor. Além disso, podem desfrutar as delícias destas montanhas”. Cristão e Esperançoso aceitaram o convite alegremente, assim foram descansar aquela noite, porque já era bem tarde.

Ao amanhecer, os Pastores convidaram Cristão e Esperançoso para caminhar pelas montanhas. Eles passearam por um tempo, admirando a linda vista de todo o lugar. Enquanto isso, os Pastores comentaram entre si: “Devemos mostrar a estes peregrinos algumas das maravilhas daqui?”. Ao decidirem positivamente, levaram-nos ao monte chamado Erro, que era muito íngreme no lado oposto, e pediram que eles olhassem para baixo. Cristão e Esperançoso olharam e viram vários corpos de homens que, ao caírem do alto, foram completamente despedaçados. Cristão perguntou: “O que significa isto?”. Os pastores responderam: “Você já ouviu falar sobre aqueles que erraram por ouvir Himeneu e Fileto sobre a ressurreição do corpo?”.[4] Eles responderam que sim. Os Pastores continuaram:

4 2 Timóteo 2:17,18

"Eles são aqueles que vocês estão vendo esmagados no fundo desta montanha. Eles não foram sepultados, como podem ver, para servir de exemplo a fim de que ninguém suba tão alto nem se aproxime da beira deste precipício".

Vi que foram conduzidos até o topo de outra montanha chamada Cautela, e os aconselharam a olhar para longe. Ao olharem, eles viram que vários homens subiam e desciam entre os sepulcros que estavam ali. Eles perceberam que tais homens eram cegos, porque algumas vezes esbarravam nas tumbas e não conseguiam sair do meio delas. Cristão perguntou: "O que significa isto?".

Os Pastores explicaram: "Vocês não viram um pouco abaixo das montanhas alguns degraus que conduziam a um prado, no lado esquerdo do caminho?". Eles responderam que sim. A seguir, os Pastores disseram: "Esses degraus conduzem diretamente ao Castelo da Dúvida, guardado pelo Gigante Desespero. Estes homens (e apontaram para aqueles que caminhavam entre os sepulcros) certa vez estavam em peregrinação como vocês agora, até que chegaram àqueles degraus. O terreno do caminho correto era muito acidentado, por isso, decidiram seguir pelos prados. Lá foram capturados pelo Gigante Desespero e levados ao Castelo da Dúvida, onde foram mantidos no calabouço por um período. Finalmente, o gigante feriu seus olhos e deixou-os vagando entre as tumbas até o dia de hoje, para que as palavras do sábio fossem cumpridas: 'O homem que se desvia do caminho do entendimento, na congregação dos mortos repousará'".[5] Cristão e Esperançoso se entreolharam, com lágrimas deslizando pela face, mas nada disseram.

Vi, em meu sonho, que os Pastores os conduziram para outro lugar, no fundo do vale, onde havia uma porta no lado da encosta.

---

5 Provérbios 21:16

Abriram-na e viram que era um local muito escuro e cheio de fumaça. Também ouviram um estrondo como um ruído de fogo, grito de tormento e o odor de enxofre. Cristão quis saber o que era aquilo. Os Pastores responderam: “Este é outro caminho para o inferno. Geralmente os hipócritas seguem por aqui; como aqueles que com Esaú vendem seu direito de primogenitura; como aqueles que com Judas vendem seu Mestre; como aqueles que com Alexandre blasfemam do evangelho; e como aqueles que com Ananias e Safira mentem e dissimulam”. Em seguida Esperançoso perguntou aos Pastores: “Cada um deles esteve na peregrinação como nós, não foi?”.

PASTORES: Sim, e estiveram no caminho por um longo tempo.

ESPERANÇOSO: Até onde foram na peregrinação, quando, miseravelmente, se perderam?

PASTORES: Alguns foram mais longe do que estas montanhas, e alguns não chegaram até aqui.

Então os peregrinos falaram entre si: “Melhor clamar ao Poderoso pedindo forças”.

PASTORES: Sim, vocês precisarão usar estas forças quando as pedirem.

Neste momento, os peregrinos desejaram seguir seu caminho, e os Pastores concordaram, acompanhando-os até o fim das montanhas. Ali os Pastores disseram uns aos outros: “Vamos mostrar aos peregrinos o portão da Cidade Celestial, se conseguirem ver pelo telescópio”. Agradecidos, eles aceitaram a sugestão. Os pastores os conduziram até o topo da colina chamada Limpa e lhe deram o instrumento para visualizar o portão.

Eles tentaram olhar, mas a recordação das últimas coisas vistas com o Pastores fizeram-lhes as mãos tremerem; por causa desta dificuldade não podiam olhar firmemente através do telescópio.

Porém, ainda assim, conseguiram ter um vislumbre do portão e da glória do lugar. Em seguida, seguiram a jornada cantando:

Assim, pelos pastores segredos são revelados,
Que aos outros homens permanecem velados.
Vinde aos pastores se quereis saber, então
Das coisa profundas, ocultas e que misteriosas são.

Quando chegou o momento de partir, um dos Pastores entregou-lhes um mapa do caminho. Outro os alertou sobre Adulador. O terceiro recomendou que não dormissem no terreno encantado e o quarto desejou que Deus os acompanhasse.

Então, acordei do meu sonho.

CAPÍTULO 9

Dormi e sonhei novamente. Vi os dois peregrinos descendo a montanha pela estrada em direção à cidade. Agora, pouco abaixo da montanha, do lado esquerdo, estava o país chamado Ideias Fantásticas; e pela montanha havia um atalho de caminho tortuoso próximo ao caminho que os peregrinos percorriam. Ali encontraram um rapaz, cheio de energia, que vinha daquele país. Seu nome era Ignorância. Cristão perguntou-lhe de onde era e para onde ia.

Ignorância

IGNORÂNCIA: Senhor, nasci no país que se localiza um pouco à esquerda e vou para a Cidade Celestial.

CRISTÃO: Mas como você planeja alcançar o portão? Poderá encontrar dificuldades.

IGNORÂNCIA: Entrarei do mesmo modo como as pessoas boas o fazem.

CRISTÃO: Mas o que terá para mostrar que permita sua entrada pelo portão?

IGNORÂNCIA: Conheço a vontade do meu Senhor e tive uma boa vida. Paguei o que devia, jejuei, dei o dízimo, doei aos pobres e abandonei meu país para chegar lá.

CRISTÃO: Mas não entrou pela porta estreita no início desta jornada. Você entrou pelo caminho tortuoso, temo que, independentemente da opinião que tem sobre si, quando chegar o dia do julgamento, seja acusado de ladrão e assaltante, em vez de ser admitido na cidade.

IGNORÂNCIA: Cavalheiros, vocês são completos estranhos para mim, não os conheço. Sigam vocês a religião de seu país e eu seguirei a religião do meu. Espero que todos sejamos vitoriosos. Sobre o portão que mencionaram, todos sabem que é muito distante de nosso país. Não me lembro de alguém em nossa parte do mundo que conheça o caminho para ele, e não importa se eles sabem ou não, pois nós temos, como podem ver, um campo verdejante e agradável que vem do nosso país até este caminho.

Quando Cristão viu que o homem era "sábio aos seus próprios olhos", sussurrou para Esperançoso: "Maior esperança há no insensato do que nele".[1] E acrescentou: "Quando o tolo vai pelo caminho,

---

1 Provérbios 26:12

falta-lhe o entendimento; e, assim, a todos mostra que é estulto".[2] Devemos conversar com ele ou deixá-lo para trás e permitir que pense sobre o que lhe dissemos? Então, esperaremos por ele para ver se podemos fazer algo bom. Em seguida Esperançoso sugeriu:

Que Ignorância por breve possa meditar
No que é dito, e que não venha a recusar
O bom conselho, para ignorante não permanecer
Dos maiores benefícios que possa ter.
Disse o Senhor: aqueles que entendimento não têm,
Embora por Ele criados, salvação não obtêm.

ESPERANÇOSO: Não é bom falar-lhe tudo de uma vez; vamos passar por ele e conversar depois, quando estiver pronto a suportar.

Assim, continuaram o trajeto e Ignorância seguiu atrás. Agora, quando estavam a poucos passos à frente de Ignorância, entraram numa rua muito escura, onde encontraram um homem amarrado com sete cordas fortes a sete demônios, e estes o levaram de volta à porta que estava ao lado da montanha.[3] Agora o bom Cristão começou a tremer e Esperançoso também; porém, enquanto os demônios levavam o homem embora, Cristão olhou para ver se o conhecia, pois parecia ser Volta-Atrás, que vivia na Cidade da Apostasia. Mas ele não viu seu rosto claramente, pois o homem baixou a cabeça como um ladrão capturado. Depois de passar por eles, Esperançoso

---

2 Eclesiastes 10:3

3 "Então, vai e leva consigo outros sete espíritos, piores do que ele, e, entrando, habitam ali; e o último estado daquele homem torna-se pior do que o primeiro. Assim também acontecerá a esta geração perversa" (MATEUS 12:45).

"Quanto ao perverso, as suas iniquidades o prenderão, e com as cordas do seu pecado será detido" (PROVÉRBIOS 5:22).

olhou para o homem e viu um papel em suas costas com a inscrição: “Confessor licencioso e abominável apóstata”. Cristão revelou ao companheiro: “Agora me lembro de uma coisa que me contaram sobre o que aconteceu a um bom homem neste lugar. Seu nome era Pouca-Fé, mas era uma pessoa boa e morava na Cidade da Sinceridade. O que ocorreu foi o seguinte: Na entrada para esta passagem, havia uma larga estrada onde havia um portão chamado Vereda-dos-Mortos — tinha esse nome por causa dos assassinatos que ali eram cometidos — e Pouca-Fé, que estava em peregrinação como estamos, sentou-se e caiu no sono. Neste exato momento, percebendo que havia adormecido, três trapaceiros, três irmãos chamados Covardia, Descrença e Culpa, vieram do Portão Largo. Espiaram Pouca-Fé e correndo chegaram rapidamente. Neste instante, aquele bom homem acordou e já se preparava para retomar sua jornada quando os bandidos aproximaram-se dele e com linguagem ameaçadora ordenaram-lhe que levantasse. Com isso, Pouca-Fé ficou branco como uma folha de papel, sem força para lutar ou fugir. Em seguida Covardia ordenou: ‘Entregue-nos sua bolsa’. Mas ele não obedeceu, pois não queria perder seu dinheiro. Então, Descrença correu até o homem e, enfiando sua mão no bolso dele, puxou para fora uma bolsa cheia de prata. ‘Ladrões! Ladrões!’, gritou Pouca-Fé. Mas Culpa o atingiu na cabeça com um grande bastão, levando o pobre homem ao chão, onde ele

permaneceu sangrando quase até a morte. Os ladrões continuavam ao seu redor, mas, ouvindo alguém que vinha descendo pela estrada, e temendo que pudesse ser Grande-Graça, da Cidade de Boa Esperança, fugiram, deixando o bom homem abandonado. Depois de um tempo, Pouca-Fé recobrou a consciência e conseguiu ficar em pé e seguir, trôpego, seu caminho".

ESPERANÇOSO: E roubaram tudo o que ele possuía?

CRISTÃO: Não. Eles não revistaram o suficiente para descobrir o local onde ele guardava suas joias, pois ainda estavam sob seu poder. No entanto, como me contaram, aquele peregrino estava preocupado com sua perda; na verdade, os ladrões conseguiram a maior parte do dinheiro para suas despesas. Ele ainda tinha uma pequena quantia, porém, não o suficiente para levá-lo até o fim de sua jornada.[4] Se não estou enganado, foi obrigado a pedir esmolas, pois era proibido vender suas joias. Apesar das esmolas e de fazer tudo o que lhe era possível, passou fome na maior parte do restante do caminho.

ESPERANÇOSO: Não causa espanto, que não tenham se apossado do seu pergaminho, o qual lhe garantia a entrada no Portão Celestial?

4 "E, se é com dificuldade que o justo é salvo, onde vai comparecer o ímpio, sim, o pecador?" (1 PEDRO 4:18).

CRISTÃO: Realmente, não o pegaram, embora não fosse por qualquer esperteza dele, pois estava tão assustado quando o atacaram que não teve força nem habilidade de esconder nada, por isso, foi mais pela Providência Divina, do que por seu próprio esforço ele ter mantido o sagrado certificado.

ESPERANÇOSO: Deve ter sido reconfortante para ele o fato de não terem levado as suas joias.

CRISTÃO: Poderia ter sido um grande conforto para ele, se tivesse usado isso como deveria, mas quem me contou a história, disse que fez pouco uso das joias no restante do caminho, pelo desânimo que sentiu por ter perdido seu dinheiro. Na verdade, esqueceu-se do pergaminho no restante da jornada e, além disso, quando se lembrava dele e se sentia confortado por esse pensamento, as memórias de sua recente derrota voltavam e o dominavam.[5]

ESPERANÇOSO: Pobre homem! Que grande dor certamente sentiu.

CRISTÃO: Tristeza! Sim, uma dor dilacerante! Não sentiríamos a mesma dor que ele sentiu ao ser assaltado e ferido, estando num local estranho, como ele estava? É um milagre que aquele desventurado homem não tenha morrido de tristeza! Disseram-me que se queixou amargamente quase todo o restante do caminho, contando a todos sobre como fora assaltado e espancado, descrevendo onde isso tinha acontecido, quem tinha feito isso, o que tinha perdido e como, por pouco, tinha escapado com vida.

ESPERANÇOSO: É incrível que não tenha vendido ou penhorado as joias para seu sustento no restante da jornada.

CRISTÃO: Você fala como um pássaro que acabou de sair do ovo! Onde conseguiria empenhar as joias ou para quem as venderia? Suas joias não têm nenhum valor naquele país em que ele foi roubado, e

5 "...obtendo o fim da vossa fé: a salvação da vossa alma" (1 PEDRO 1:9).

nem sequer desejou algum tipo de alívio. Além disso, sem as joias no portão da Cidade Celestial, seria excluído da herança, algo que conhecia muito bem. Para ele, seria pior do que a aparência e a vilania de dez mil ladrões.

ESPERANÇOSO: Por que você está tão áspero comigo, meu irmão? Esaú vendeu seu direito de primogenitura por um prato de lentilhas, sendo que era seu maior bem; e se o fez, por que Pouca-Fé não poderia fazê-lo também?[6]

CRISTÃO: De fato, Esaú vendeu seu direito de primogenitura, e muitos outros também o fizeram; por isso, eles mesmos se excluem da bênção do Senhor, como aconteceu com aquele pobre indivíduo. Mas há diferenças entre Esaú e Pouca-Fé. Comparando as suas condições, o direito à primogenitura de Esaú era simbólico, no entanto, as joias de Pouca-Fé eram de outra espécie; o deus de Esaú foi seu apetite, não era o caso de Pouca-Fé. Esaú era dominado por seu apetite carnal, mas não Pouca-Fé. Além disso, Esaú não conseguiu ver além do tamanho de suas próprias concupiscências; "...Estou a ponto de morrer; de que me aproveitará o direito de primogenitura?",[7] ele disse. Pouca-Fé, a despeito de uma fé débil, manteve-se afastado de tais extravagâncias por meio da fé, e ela o fez valorizar suas joias a ponto de não as vender como fez Esaú com sua primogenitura. Você não encontra em lugar algum que Esaú tinha fé — não, nem mesmo um pouco; por isso não é de se admirar que vendeu o seu direito de primogenitura e a sua alma para o diabo, pois isso é o que acontece quando as regras da carne predominam (como acontece com homens sem fé para resistir); pois são

---

6 "...nem haja algum impuro ou profano, como foi Esaú, o qual, por um repasto, vendeu o seu direito de primogenitura" (HEBREUS 12:16).

7 Gênesis 25:32

como o jumento, que não pode ser contido durante o seu tempo de calor.[8] Quando a mente deles está centrada em suas paixões, desejam satisfazê-las, custe o que custar. Mas Pouca-Fé era de outro temperamento, sua mente estava fixa em coisas divinas e sua existência dependia das coisas que eram espirituais e que provinham do alto. Portanto, o que ganharia na venda de suas joias (se houvesse quem as comprasse) e enchesse a mente com coisas vazias? Será que um homem daria um centavo para encher a barriga com feno, ou você poderia persuadir uma andorinha a viver em cima de alguma carniça como o corvo vive? Embora os infiéis possam penhorar, hipotecar ou vender o que têm, incluindo a própria alma, por desejos carnais, aqueles que têm fé, mesmo que seja pequena, não conseguem fazê-lo. Aqui, pois, meu irmão, está o seu erro.

ESPERANÇOSO: Reconheço isso; no entanto, sua cruel reprovação quase me irritou.

CRISTÃO: Apenas comparei você a alguns pássaros que caminham com a casca do ovo sobre sua cabeça. Mas ignore isso e considere o tema em questão e tudo ficará bem entre nós.

ESPERANÇOSO: Amigo Cristão, estou convencido de que estes três companheiros eram apenas um bando de covardes, caso contrário, você acha que eles teriam fugido, como fizeram, ao ouvir o som de alguém descendo a estrada? Por que Pouca-Fé não agiu com coragem? Eu acho que poderia ter entrado em combate com eles, cedendo apenas quando não houvesse escolha.

CRISTÃO: Muitos disseram que são covardes, mas poucos sustentam isso no momento da provação. Pela grandeza do coração Pouca-Fé não foi corajoso. Pelas suas palavras, meu irmão, se fosse

---

8 "...jumenta selvagem, acostumada ao deserto e que, no ardor do cio, sorve o vento. Quem a impediria de satisfazer ao seu desejo? Os que a procuram não têm de fatigar-se; no mês dela a acharão" (JEREMIAS 2:24).

com você, cederia apenas após um encontro. Quando os inimigos estão distante de nós, este é o tamanho de sua coragem, porém, se o atacassem, como fizeram a ele, imagino que você mudaria sua atitude.

Lembre-se, porém, de que são apenas ladrões contratados, os quais servem o rei do abismo, que, se necessário, viria resgatá-los pessoalmente; sua voz é como o rugido de um leão.[9] Eu mesmo já caí na armadilha como ocorreu com Pouca-Fé, e descobri algo terrível. Esses três bandidos me atacaram, e quando comecei a resistir como um cristão, eles pediram ajuda, e seu mestre veio em seu auxílio. Minha vida não valia um centavo, como diz o ditado, mas Deus quis que me vestisse com uma armadura de provação. Embora estivesse protegido, a luta foi difícil. Ninguém pode saber o que nos espera num combate, a menos que já tenha vivido sua própria batalha.

ESPERANÇOSO: Note, porém, que eles fugiram só de imaginar que Grande-Graça vinha em sua direção.

CRISTÃO: É verdade. Eles e seu mestre com frequência fogem quando Grande-Graça aparece; e não é incomum, pois ele é o campeão do Rei. Creio que você verá algumas diferenças entre Pouca-Fé e o campeão do Rei. Nem todos os súditos do rei são campeões; nem podem ser, mesmo quando tentam realizar proezas de guerra como ele. É certo pensar que um rapazinho lutaria com Golias, como fez Davi? Ou que um pardal tenha a força de um touro? Alguns são fortes, outros são fracos. Enquanto alguns são muito fiéis, outros têm pequena fé. Este homem era um dos fracos, por isso, não conseguiu resistir e portanto ele foi, temporariamente, vencido.

---

9 "...para que ninguém, como leão, me arrebate, despedaçando-me, não havendo quem me livre" (SALMO 7:2).

"Sede sóbrios e vigilantes. O diabo, vosso adversário, anda em derredor, como leão que ruge procurando alguém para devorar" (1 PEDRO 5:8).

ESPERANÇOSO: Gostaria que Grande-Graça tivesse ido socorrê-lo.

CRISTÃO: Se assim fosse, estaria extremamente ocupado, pois devo dizer que, apesar de Grande-Graça ser excelente no manejo com as armas e saber lidar com esses inimigos o suficiente enquanto os mantém ao fio da espada, mesmo que Covardia, Descrença ou outro se apoderem dele, eventualmente eles o derrubarão. Quando um homem está caído, o que ele pode fazer?

Quem olhar com atenção para o rosto de Grande-Graça verá as cicatrizes e cortes que evidenciam o que acabei de dizer. Sim, certa vez ouvi que ele pronunciou uma frase quando estava em combate: "desesperamos até da própria vida". Estes miseráveis fizeram Davi gemer, chorar e lamentar. Sim, podemos citar Hemã e Ezequias, embora campeões em seus dias, foram forçados a lutar quando assaltados por estes homens — e foram espancados por eles. Certa ocasião, Pedro levantou-se contra eles, dentre todos os apóstolos, mas os inimigos o puseram fora de combate tão habilmente que logo depois, Pedro sentiu medo de uma servente.

Além disso, seu rei está à sua disposição. Ele nunca está fora do alcance da voz. Se, em algum momento estiverem em situação difícil, ele, se possível, virá para ajudá-los. Dele se diz: "Se o golpe de espada o alcança, de nada vale, nem de lança, de dardo ou de flecha. Para ele, o ferro é palha, e o cobre, pau podre. A seta não o faz fugir; as pedras das fundas se lhe tornam em restolho. As clavas atiradas são para ele como palha, e ri-se do brandir da lança".[10] O que um ser humano pode fazer neste caso? Se alguém pudesse ter o cavalo que pertenceu a Jó, bem como a coragem e atributos para cavalgá-lo, provavelmente faria coisas maravilhosas. "Ou dás tu força ao

10 Jó 41:26-29

cavalo ou revestirás o seu pescoço de crinas? Acaso, o fazes pular como ao gafanhoto? Terrível é o fogoso respirar das suas ventas. Escarva no vale, folga na sua força e sai ao encontro dos armados. Ri-se do temor e não se espanta; e não torna atrás por causa da espada. Sobre ele chocalha a aljava, flameja a lança e o dardo. De fúria e ira devora o caminho e não se contém ao som da trombeta. Em cada sonido da trombeta, ele diz: Avante! Cheira de longe a batalha, o trovão dos príncipes e o alarido".[11]

Todavia, peregrinos, como você e eu, não desejam encontrar-se com um inimigo, tampouco se vangloriar quando ouvem sobre a derrota de alguns, muito menos se alegrar com pensamentos sobre nossa coragem; pois aqueles que o fazem geralmente saem pior quando são provados. Veja o caso de Pedro, mencionado anteriormente. Ele se vangloriou dizendo que faria melhor e permaneceria firmemente ao lado do seu Mestre mais do que todos os outros homens, mas quem foi mais derrotado por estes vilões do que ele?

Portanto, ao ouvirmos sobre tais roubos na estrada do Rei, há duas coisas que devemos fazer:

1. Sair para a batalha vestidos com a armadura e não esquecer o escudo. Foi pela ausência do escudo que aquele que atacou o Leviatã não conseguiu vencê-lo. Ele não nos teme quando estamos sem a armadura e o escudo. Pois quem tem habilidade diz: "...embraçando sempre o escudo da fé, com o qual podereis apagar todos os dardos inflamados do Maligno".[12]

2. Pedir ao Rei uma escolta protetora; sim, devemos rogar que esteja conosco. Esse foi o motivo do júbilo de Davi quando esteve no Vale da Sombra da Morte; Moisés preferiu a morte a dar um

---

11 Jó 39:19-25

12 Efésios 6:16

passo sem Deus.[13] Ó, meu irmão, se Ele estiver conosco, por que temeremos os dez mil que se colocam contra nós?[14] Sem Ele, porém, os soberbos "serão mortos".[15]

De minha parte, já estive nessa batalha. Por causa de Sua misericórdia, estou vivo, e não me orgulho de minha coragem. Ficarei grato se não encontrar tais ataques, mas temo que não esteja fora de perigo. Entretanto, como não fui devorado pelo leão e o urso, espero que Deus nos livre dos incircuncisos filisteus. Assim, Cristão cantou:

Pobre Pouca-fé! Entre os salteadores foste te achar?
Foste saqueado? Lembra-te: todo aquele que confiar
E mais fé tiver, a vitória conquistará de vez
Sobre dez milhares, não apenas sobre três.

---

13 "Então, lhe disse Moisés: Se a tua presença não vai comigo, não nos faças subir deste lugar" (ÊXODO 33:15).

14 "Deito-me e pego no sono; acordo, porque o SENHOR me sustenta. Não tenho medo de milhares do povo que tomam posição contra mim de todos os lados. Levanta-te, SENHOR! Salva-me, Deus meu, pois feres nos queixos a todos os meus inimigos e aos ímpios quebras os dentes. Do SENHOR é a salvação, e sobre o teu povo, a tua bênção" (SALMO 3:5-8).

"O SENHOR é a minha luz e a minha salvação; de quem terei medo? O SENHOR é a fortaleza da minha vida; a quem temerei? Quando malfeitores me sobrevêm para me destruir, meus opressores e inimigos, eles é que tropeçam e caem. Ainda que um exército se acampe contra mim, não se atemorizará o meu coração; e, se estourar contra mim a guerra, ainda assim terei confiança" (SALMO 27:1-3).

15 "Nada mais vos resta a fazer, senão dobrar-vos entre os prisioneiros e cair entre os mortos. Com tudo isto, não se aparta a sua ira, e a mão dele continua ainda estendida" (ISAÍAS 10:4).

Eles seguiram o caminho, com Ignorância em seu encalço, até chegarem a um lugar onde havia uma bifurcação. Os dois caminhos pareciam retos como o caminho que eles deveriam seguir; e eles não sabiam qual deles escolher, pois ambos lhes pareciam bons. Entretanto, pararam com a intenção de decidir o que fazer. Enquanto pensavam sobre o caminho, um homem negro, com vestes muito brilhantes, se aproximou deles e indagou por que estavam hesitantes. Eles disseram que desejavam chegar à Cidade Celestial, mas não sabiam qual caminho seguir. "Sigam-me", o homem falou, "pois é para onde vou". Os peregrinos o seguiram pelo caminho que fazia intersecção com a estrada. Tal trilha fazia curvas e mais curvas, e ao olhar para trás perceberam que estavam se distanciando da cidade para onde desejavam ir. Mesmo assim, continuaram seguindo aquele homem. Aos poucos, antes de perceberem, foram pegos por uma rede, e ficaram tão enlaçados que não souberam como desvencilhar-se. De repente, as vestes claras caíram das costas do homem negro e viram onde estavam. Ficaram ali caídos, lamentando a sorte, pois não sabiam como se livrar.

CRISTÃO: Agora vejo meu erro. Os Pastores não disseram para ter cuidado com os bajuladores? Como o sábio diz: "O homem que lisonjeia a seu próximo arma-lhe uma rede aos passos".[16]

ESPERANÇOSO: Eles também nos deram o mapa do caminho, mas nos esquecemos dele e caímos no caminho do destruidor. Davi foi mais sábio do que nós, pois declara: "Quanto às ações dos homens, pela palavra dos teus lábios, eu me tenho guardado dos caminhos do violento".[17]

---

16 Provérbios 29:5

17 Salmo 17:4

Enquanto estavam presos na rede, notaram um Ser Reluzente que vinha em sua direção com um açoite de pequenas cordas na mão. Quando os alcançou, perguntou-lhes de onde eram e para onde iam. Eles disseram que eram pobres peregrinos em direção a Sião, mas que tinham se desviado do caminho por seguir um homem negro em vestes brancas. "Ele nos disse para segui-lo, pois também ia para o mesmo local". O homem com o açoite na mão revelou: "Esse homem é Adulador, um falso apóstolo, que se transformou em anjo de luz".[18] A seguir, abriu a rede e os libertou. E logo lhes ordenou: "Sigam-me que os conduzirei de volta ao caminho certo". Ele os guiou de volta até o local em que encontraram Adulador. Então perguntou aos peregrinos: "Onde vocês estavam na noite passada?". Eles responderam: "Com os Pastores, sobre as Montanhas das Delícias". Em seguida questionou se os Pastores lhes haviam dado um mapa do caminho. Os peregrinos responderam que sim. Nesse momento o ser lhes perguntou: "Vocês não olharam o mapa?". Eles responderam negativamente. Ele perguntou o porquê. Eles alegaram ter esquecido. Finalmente, perguntou se os Pastores os haviam alertado sobre Adulador. Eles responderam que sim, mas nunca imaginaram que fosse um homem tão gentil.[19]

Vi, depois, em meu sonho, que ele ordenou para que deitassem; e quando o fizeram, os castigou severamente para ensinar-lhes que

---

18 "Aos violadores da aliança, ele, com lisonjas, perverterá, mas o povo que conhece ao seu Deus se tornará forte e ativo" (DANIEL 11:32).

"Porque os tais são falsos apóstolos, obreiros fraudulentos, transformando-se em apóstolos de Cristo. E não é de admirar, porque o próprio Satanás se transforma em anjo de luz" (2 CORÍNTIOS 11:13,14).

19 "...porque esses tais não servem a Cristo, nosso Senhor, e sim a seu próprio ventre; e, com suaves palavras e lisonjas, enganam o coração dos incautos" (ROMANOS 16:18).

deveriam seguir no bom caminho.[20] Enquanto os castigava, declarou: "Eu repreendo e castigo a todos quanto amo; sê pois zeloso, e arrepende-te".[21] Feito isto, mandou que fossem pelo caminho e seguissem cuidadosamente as instruções dos Pastores. Eles agradeceram por sua bondade e andaram suavemente pelo caminho certo, cantando:

Achegai-vos, todos vós que participais da jornada;
Vede como os peregrinos se afastaram da estrada!
Em muitas armadilhas ficaram enredados,
Pois os bons conselhos lhes foram olvidados.
Resgatados foram, é verdade; atentos, porém vede
O quanto foram flagelados e não caiais nessa rede!

Após um período de jornada, viram à distância alguém caminhando calmo e tranquilo pela estrada. Cristão comentou com seu companheiro: "Vejo um homem voltando de Sião que vem ao nosso encontro".

ESPERANÇOSO: Também vejo. Sejamos cuidadosos, para que não seja outro adulador.

O homem aproximou-se lentamente até chegar perto deles. Seu nome era Ateu e perguntou-lhes qual era seu destino.

---

20 "Se o culpado merecer açoites, o juiz o fará deitar-se e o fará açoitar, na sua presença, com o número de açoites segundo a sua culpa" (DEUTERONÔMIO 25:2).

21 Apocalipse 3:19
"Quando os céus se cerrarem, e não houver chuva, por ter o povo pecado contra ti, e ele orar neste lugar, e confessar o teu nome, e se converter dos seus pecados, havendo-o tu afligido, ouve tu nos céus, perdoa o pecado de teus servos e do teu povo de Israel, ensinando-lhes o bom caminho em que andem, e dá chuva na tua terra que deste em herança ao teu povo" (2 CRÔNICAS 6:26,27).

CRISTÃO: Vamos para o Monte Sião.

Ateu começou a dar altas gargalhadas.

CRISTÃO: Por qual razão você ri?

ATEU: Porque vejo quão ignorantes são. Por que fazer uma viagem tão monótona, quando provavelmente não terão nenhuma recompensa a não ser seus esforços?

CRISTÃO: Por que pensa que não seremos recebidos?

ATEU: Recebidos! O lugar com o qual você sonha não existe em qualquer lugar no mundo.

CRISTÃO: Existe sim, no mundo porvir.

ATEU: Quando estava em casa, no meu país, ouvi sobre este lugar. Decidi procurá-lo. Estou nessa busca há 20 anos, e não sei nada mais do que já sabia desde o primeiro dia dessa busca.[22]

CRISTÃO: Ouvimos que ele existe, e estamos certos de que o encontraremos.

ATEU: Se não acreditasse, quando estava em casa, não teria ido tão longe nessa busca; mas nada encontrando (e deveria ter encontrado, já que fui mais longe do que vocês), voltarei e desfrutarei das coisas que abandonei, por causa da tentativa de buscar o que agora sei que não existe.

Cristão perguntou a Esperançoso: "Será que ele tem razão?".

ESPERANÇOSO: Tenha cuidado, ele é um dos aduladores. Lembre-se do que quase nos custou ouvir indivíduos como este. O Monte Sião não existe?! Ora, não vimos o portão da cidade, quando estávamos nas Montanhas das Delícias? Além disso, não devemos caminhar pela fé?[23]

---

22 "Mas no lugar para onde o levaram cativo morrerá e nunca mais verá esta terra" (JEREMIAS 22:12).

"O trabalho do tolo o fatiga, pois nem sabe ir à cidade" (ECLESIASTES 10:15).

23 "...visto que andamos por fé e não pelo que vemos" (2 CORÍNTIOS 5:7).

Ateu

Sigamos nesta caminhada, não deixemos que o homem com o açoite venha nos corrigir novamente. Você me ensinou o que sussurrarei ao seu ouvido: "Filho meu, se deixas de ouvir a instrução, desviar-te-ás das palavras do conhecimento".[24] Não lhe dê ouvidos, vamos crer e salvar a alma.[25]

CRISTÃO: Meu irmão, não perguntei porque duvidava do que cremos, mas para testar você e levá-lo a pensar honestamente sobre o que está no coração. Quanto a este homem, ele está cego pelo deus deste mundo. Sigamos, sabendo que o que cremos é a verdade, e que a mentira não procede da verdade.[26]

ESPERANÇOSO: Agora "...gloriamo-nos na esperança da glória de Deus".

Logo se afastaram daquele homem. Este, zombando deles, prosseguiu em seu caminho.

Vi, no meu sonho, que os peregrinos caminharam até entrarem em um país onde o ar deixava os estrangeiros sonolentos. Esperançoso começou a se sentir apático e sonolento.

ESPERANÇOSO: Estou com tanto sono que mal consigo manter os olhos abertos. Vamos nos deitar e tirar um cochilo.

CRISTÃO: Não, não podemos, pois se dormirmos aqui, talvez não acordemos novamente.

ESPERANÇOSO: Por que, meu irmão? O sono é o deleite dos trabalhadores e nos revigoraremos se tirarmos um cochilo.

CRISTÃO: Não se lembra de que um dos Pastores nos alertou sobre estarmos atentos ao chegar à Terra Encantada? Ele quis dizer que

---

24 Provérbios 19:27

25 "Nós, porém, não somos dos que retrocedem para a perdição; somos, entretanto, da fé, para a conservação da alma" (HEBREUS 10:39).

26 "Não vos escrevi porque não saibais a verdade; antes, porque a sabeis, e porque mentira alguma jamais procede da verdade" (1 JOÃO 2:21).

deveríamos cuidar para não adormecermos. Portanto, "não durmamos como os demais; pelo contrário, vigiemos e sejamos sóbrios".[27]

ESPERANÇOSO: Reconheço minha fraqueza e, se estivesse sozinho, arriscaria minha vida se sucumbisse ao sono. Vejo que o sábio revelou a verdade: "Melhor é serem dois do que um".[28] Até este momento, sua companhia foi a circunstância mais feliz para mim, e você terá uma boa recompensa por seu trabalho.

CRISTÃO: Agora, para não adormecermos neste lugar, tenhamos um bom debate.

ESPERANÇOSO: Concordo de todo o coração.

CRISTÃO: Por onde começamos?

ESPERANÇOSO: Iniciemos por onde Deus começou conosco. Mas você pode começar, se quiser.

CRISTÃO: Primeiro, cantarei esta canção:

Aproximem-se os santos em sonolência
E ouçam destes dois peregrinos a sapiência.
Que com eles possam aprender doravante
A terem abertos seus olhos toscanejantes.
A companhia dos santos, se bem administrada for,
Mantém-nos despertos, apesar do inferno o pavor.

CRISTÃO: Vou fazer uma pergunta. Qual foi o motivo que o levou a pensar sobre o que está fazendo agora?

ESPERANÇOSO: Quer saber como comecei a me preocupar com minha alma?

CRISTÃO: Sim.

---

27 1 Tessalonicenses 5:6

28 Eclesiastes 4:9

ESPERANÇOSO: Por um bom tempo desfrutei dos produtos vendidos em nossa feira. Coisas que, agora creio, me destruiriam se continuasse a praticá-las.

CRISTÃO: Que coisas?

ESPERANÇOSO: Todos os tesouros e riquezas do mundo. Também amava o deboche, festas, bebidas, juramentos, mentiras, imoralidade, transgressão da guarda do dia do Senhor e outras misérias que destroem a alma. Mas, ao ouvir e considerar as coisas divinas que aprendi com você e com o amado Fiel, que morreu na Feira das Vaidades por causa de sua fé e bondade, descobri, finalmente, que o fim dessas coisas é a morte.[29] E por essas coisas "a ira de Deus vem sobre os filhos da desobediência".[30]

CRISTÃO: Você se converteu imediatamente?

ESPERANÇOSO: Não, a princípio não estava disposto a reconhecer o mal do pecado e a condenação que resulta dele. Em vez disso, quando minha mente foi tocada pela Palavra, tentei fechar os olhos contra a luz.

CRISTÃO: Mas o que o levava a manter essa atitude antes de o abençoado Espírito de Deus começar a agir em seu coração?

ESPERANÇOSO: Bem, primeiro, não sabia que era a obra de Deus agindo em mim. Nunca percebi que Deus inicia a conversão de um pecador, despertando-o do pecado. Segundo, o pecado era atrativo e não queria abandoná-lo. Terceiro, não sabia como me afastar de minhas antigas amizades, pois sua presença e suas ações eram desejáveis para mim. Por último, os momentos que estava sob

---

29 "Ora, os que querem ficar ricos caem em tentação, e cilada, e em muitas concupiscências insensatas e perniciosas, as quais afogam os homens na ruína e perdição" (1 TIMÓTEO 6:9).

30 Efésios 5:6

a convicção do pecado eram tão incômodos e assustadores que nem mesmo podia suportar a lembrança deles.

CRISTÃO: Houve momentos em que você não se preocupava?

ESPERANÇOSO: Sim, mas quando me assombravam novamente, ficava pior que antes.

CRISTÃO: O que trazia novamente seus pecados à mente?

ESPERANÇOSO: Muitas coisas, como:

1. Se encontrasse um homem bom nas ruas, ou,
2. se ouvisse alguém ler a Bíblia, ou,
3. se minha cabeça doesse, ou,
4. se me falassem sobre a enfermidade de alguns vizinhos, ou,
5. se ouvisse um sino anunciando a morte de alguém, ou,
6. se pensasse na minha própria morte, ou,
7. se ouvisse que alguém tinha morrido repentinamente,
8. mas, especialmente, quando pensava em mim mesmo e que logo deveria enfrentar o juízo.

CRISTÃO: E você conseguia livrar-se facilmente da culpa do pecado, quando qualquer destes itens vinham sobre você?

ESPERANÇOSO: Não, não conseguia, porque eles estavam ganhando grande controle sobre a minha consciência; e mesmo se pensasse sobre voltar para o pecado (embora minha mente se voltasse contra ele), me sentia duplamente atormentado.

CRISTÃO: E o que você fazia?

ESPERANÇOSO: Pensei que devia tentar mudar minha vida; caso contrário, certamente seria condenado.

CRISTÃO: E você tentou mudar?

ESPERANÇOSO: Sim. Tentei não pecar e evitar companhias pecaminosas. Comecei a praticar deveres religiosos como orar, ler a Bíblia, lamentar pelos meus pecados, falar a verdade aos vizinhos e, assim por diante. Fiz estas coisas, entre muitas outras, numerosas para contar.

CRISTÃO: E isso o fez pensar que estava certo?

ESPERANÇOSO: Por algum tempo. Mas em seguida os problemas caíram sobre mim novamente, apesar de minhas mudanças.

CRISTÃO: Como isso aconteceu, se você já era regenerado?

ESPERANÇOSO: Várias coisas trouxeram-me à mente, especialmente frases como estas: "Toda nossa justiça é trapo de imundície".[31] "Pelas obras da lei nenhum homem será justificado".[32] "Quando fizerdes tudo o que vos for mandado, dizei: Somos servos inúteis".[33] E muitas outras como estas. A partir desse momento comecei a argumentar comigo mesmo: Se toda justiça é trapo de imundície, se não há nada que o homem possa fazer para ser justificado cumprindo a lei e se tudo que fizermos tornar-se inútil, ainda somos indignos. Logo, é tolice pensar que podemos alcançar o Céu por meio da lei. Ademais, pensei: se um homem tem uma conta devedora numa loja, mesmo que faça novas compras e pague por elas, mas se não saldar a dívida antiga, o lojista ainda poderá processá-lo e enviá-lo à prisão até que pague o débito.

CRISTÃO: Como você aplicou este princípio a sua vida?

ESPERANÇOSO: Pensei que tenho uma grande dívida, devido aos meus pecados registrados no livro de Deus e minha atual transformação não pagará aquela dívida. Portanto, poderia continuar com as mudanças atuais, mas como seria liberto da condenação pelas antigas transgressões?

CRISTÃO: Muito boa essa aplicação. Mas, por favor, continue.

---

31 Isaías 64:6

32 Gálatas 2:16

33 Lucas 17:10

ESPERANÇOSO: Outro ponto que tem me atormentado, mesmo com as recentes mudanças em minha vida, é que, ao observar cuidadosamente as boas ações que faço agora, ainda vejo pecado, novo pecado misturando-se com o melhor daquilo que faço; logo, sou forçado a concluir que, mesmo que a minha antiga vida tivesse sido irrepreensível, ainda cometo pecado suficiente, em apenas uma atitude, para enviar-me ao inferno.

CRISTÃO: E o que você fez?

ESPERANÇOSO: Eu não sabia o que fazer, até compartilhar meus pensamentos com Fiel, meu amigo. Ele me disse que a menos que obtivesse a justiça do homem que nunca pecou, nem minha própria justiça e nem toda a justiça do mundo poderia me salvar.

CRISTÃO: E você acredita que ele disse a verdade?

ESPERANÇOSO: Se isto me fosse dito quando eu estava satisfeito com minhas próprias mudanças, talvez o chamasse de tolo, mas quando percebi minha fragilidade e o pecado que se misturava às minhas melhores ações, fui forçado a aceitar sua opinião.

CRISTÃO: E quando ele falou sobre o homem que devia encontrar, você pensou que seria possível encontrar um homem do qual se poderia com certeza dizer: "Ele jamais cometeu pecado algum?"

ESPERANÇOSO: Confesso que a princípio, as palavras pareceram-me estranhas, mas depois que conversamos e passei mais tempo em sua companhia, fiquei totalmente convencido disto.

CRISTÃO: Você perguntou quem era este homem e como poderia ser justificado por Ele?

ESPERANÇOSO: Sim, ele disse que era o Senhor Jesus, que está ao lado direito do Altíssimo. "Você deve ser justificado por Ele, confiando somente no que Ele fez durante Sua vida na Terra e Seu sofrimento na cruz". Perguntei como a justiça daquele homem podia justificar outra pessoa diante de Deus. Ele me respondeu que esse homem era o próprio Deus poderoso. Ele desceu do Céu e que Ele fez o que fez e morreu sobre a cruz não por si mesmo, mas por mim. Se cresse nele, Sua justiça seria creditada à minha conta.[34]

CRISTÃO: E o que você fez?

ESPERANÇOSO: Demonstrei minhas dúvidas, pois não pensava que o Senhor estivesse disposto a me salvar.

CRISTÃO: E o que Fiel lhe disse?

ESPERANÇOSO: Ele me disse para ir a Cristo e ver. Respondi que seria muita presunção da minha parte. Ele garantiu, porém, que o convite era estendido a mim.[35] Então, me deu o livro de Jesus, Sua Palavra oficial, para me encorajar a vir gratuitamente a Ele, e que cada jota ou til escrito naquele livro continuavam mais firmes do que o céu e a Terra.[36] Perguntei-lhe o que deveria fazer quando me aproximasse de Jesus. Ele disse que deveria me ajoelhar e suplicar com todo coração e alma para que o Pai o revelasse a mim.[37] Em seguida, perguntei a Fiel como me aproximar dele, e ele me respondeu: "Vá e o encontrarás sentado no trono da graça [propiciatório], em determinado período do ano, oferecendo perdão àqueles que vão a Ele". Quando cheguei disse-lhe que não sabia o que dizer. E ele me recomendou que dissesse: "Deus, tem misericórdia de mim, um

---

34 Veja Hebreus 10, Romanos 4, Colossenses 1 e 1 Pedro 1.

35 "Vinde a mim, todos os que estais cansados e sobrecarregados, e eu vos aliviarei" (MATEUS 11:28).

36 "Passará o céu e a terra, porém as minhas palavras não passarão" (MATEUS 24:35).

37 "Ali, virei a ti e, de cima do propiciatório, do meio dos dois querubins que estão sobre a arca do Testemunho, falarei contigo acerca de tudo o que eu te ordenar para os filhos de Israel" (ÊXODO 25:22).

"Então, disse o SENHOR a Moisés: Dize a Arão, teu irmão, que não entre no santuário em todo tempo, para dentro do véu, diante do propiciatório

pecador. Ajuda-me a conhecer e a crer em Jesus Cristo; pois entendo que sem a Tua justiça, e minha fé nessa justiça, estou totalmente perdido. Senhor, ouvi que és um Deus misericordioso e enviaste Teu Filho Jesus Cristo para ser o Salvador do mundo; além disso, estás disposto a doá-lo a um pobre pecador como eu (e sou realmente pecador). Senhor, usa portanto esta oportunidade, e magnifica Tua graça na salvação de minha alma, por meio de Teu Filho, Jesus Cristo. Amém".

CRISTÃO: Você seguiu suas instruções?

ESPERANÇOSO: Sim, constantemente.

CRISTÃO: O Pai revelou Seu Filho a você?

ESPERANÇOSO: Não. Nem na primeira, na segunda, terceira, quarta, quinta e muito menos na sexta vez.

CRISTÃO: O que você fez?

ESPERANÇOSO: Nada. Pois não saberia o que fazer!

---

que está sobre a arca, para que não morra; porque aparecerei na nuvem sobre o propiciatório" (LEVÍTICO 16:2).

"Quando entrava Moisés na tenda da congregação para falar com o SENHOR, então, ouvia a voz que lhe falava de cima do propiciatório, que está sobre a arca do Testemunho entre os dois querubins; assim lhe falava" (NÚMEROS 7:89).

"Acheguemo-nos, portanto, confiadamente, junto ao trono da graça, a fim de recebermos misericórdia e acharmos graça para socorro em ocasião oportuna" (HEBREUS 4:16).

CRISTÃO: Você pensou em parar de orar?

ESPERANÇOSO: Sim, centenas de vezes.

CRISTÃO: E por que não parou?

ESPERANÇOSO: Creio que tudo o que ouvi era verdade, isto é, que sem a justiça deste Cristo, nada no mundo poderia me salvar. Portanto, se desistisse de orar, eu morreria, e morreria no trono da graça. Em meio a isso, um pensamento veio à minha mente: "Se tardar, espera; pois certamente virá e não tardará".[38] Continuei orando até que o Pai mostrasse o Filho.

CRISTÃO: E como Ele lhe foi revelado?

ESPERANÇOSO: Não o vi com meus olhos humanos, mas com os olhos do meu entendimento.[39] E isto foi o que aconteceu: Certo dia, eu estava profundamente triste, como nunca havia me sentido em toda a minha vida. Essa dor era o resultado da visão da magnitude e vileza dos meus pecados. E quando não esperava nada mais do que o inferno e a condenação eterna da minha alma, vi o Senhor olhar do Céu para mim e dizer: "Creia no Senhor Jesus Cristo e será salvo".[40]

No entanto, respondi: "Senhor, sou um grande, muito grande pecador". Ele me falou: "Minha graça te basta".[41] Eu perguntei: "Senhor, o que é ter fé?". E então, por meio do verso, "Aquele que vem a mim não

38 "Porque a visão ainda está para cumprir-se no tempo determinado, mas se apressa para o fim e não falhará; se tardar, espera-o, porque, certamente, virá, não tardará" (HABACUQUE 2:3).

39 "...iluminados os olhos do vosso coração, para saberdes qual é a esperança do seu chamamento, qual a riqueza da glória da sua herança nos santos e qual a suprema grandeza do seu poder para com os que cremos, segundo a eficácia da força do seu poder..." (EFÉSIOS 1:18,19).

40 Atos 16:31

41 2 Coríntios 12:9

terá fome, e quem crê em mim nunca mais terá sede",[42] reconheci que crer e vir a Ele é a mesma coisa; e que aquele que buscou a salvação por meio de Cristo com todo o coração, realmente tinha fé nele. As lágrimas me vieram aos olhos e indaguei: "Senhor, como um grande pecador como eu pode ser aceito e salvo por ti?". Eu o ouvi dizer: "o que vem a mim, de modo nenhum o lançarei fora".[43] Então perguntei: "Senhor, o que devo pensar quando me aproximar e mostrar que minha fé está em ti?". Ele me respondeu: "Cristo Jesus veio ao mundo salvar os pecadores".[44] "Porque o fim da lei é Cristo, para justiça de todo aquele que crê".[45] Ele morreu por nossos pecados, "e ressuscitou por causa da nossa justificação".[46] Ele "nos ama, e, pelo seu sangue, nos libertou dos nossos pecados".[47] "Ele é mediador entre Deus e os homens".[48] Ele vive "sempre para interceder" por nós.[49] Entendi por esses versículos que devo procurar justiça em Sua pessoa e o pagamento de meus pecados por meio de Seu sangue; e que Ele o fez em obediência à lei do Seu Pai, submetendo-se à penalidade do pecado, não por si mesmo, mas por todos que aceitarem

---

42 "Declarou-lhes, pois, Jesus: Eu sou o pão da vida; o que vem a mim jamais terá fome; e o que crê em mim jamais terá sede" (JOÃO 6:35).

43 João 6:37

44 "Fiel é a palavra e digna de toda aceitação: que Cristo Jesus veio ao mundo para salvar os pecadores, dos quais eu sou o principal" (1 TIMÓTEO 1:15).

45 Romanos 10:4

46 Romanos 4:25

47 Apocalipse 1:5

48 1 Timóteo 2:5

49 Hebreus 7:25

isto por sua salvação e forem gratos. Agora minha alma está cheia de alegria, meus olhos cheios de emoção, e meu coração transbordando de amor pelo nome, pelo povo e pela maneira de Jesus Cristo agir.

CRISTÃO: Esse fato foi uma revelação de Cristo em sua alma. Conte-me, que efeito isto produziu em seu espírito?

ESPERANÇOSO: Isto me fez ver que todo o mundo, a despeito de qualquer bem que possa conter, está em estado de condenação. Contudo, percebi que Deus, o Pai, que é justo, pode justificar o pecador que vem a Ele. Senti grande vergonha da vileza de minha antiga vida e fiquei consternado com a consciência de minha própria ignorância; até então, nada havia me mostrado tão claramente a beleza de Jesus Cristo. Essa descoberta me fez amar uma vida santa e desejar coisas que honrem e glorifiquem o nome do Senhor Jesus; sim, se tivesse milhares de litros de sangue em meu corpo, eu teria derramado completamente em honra do Senhor Jesus.

[illegible] el Brasil y [illegible] muy segura, y que [illegible]

el Gov.mo de Montev.o q.e lo alejara sin duda

mis agentes adquirieran la [illegible]

to de todos los recursos de aquella [illegible]

[illegible] la Provincia de S.to Pedro,

[illegible] bien [illegible]. Tambien

[illegible] golpe sobre

[illegible]

[illegible] de [illegible]

[illegible] destruir

[illegible]

CAPÍTULO 10

Vi, em meu sonho, que Esperançoso olhou para trás e viu Ignorância, a quem ele e Cristão tinham deixado para trás.

ESPERANÇOSO: Olhe, Cristão, como esse jovem permanece distante de nós.

CRISTÃO: Sim, sim, eu o vejo. Ele não deseja nossa companhia.

ESPERANÇOSO: Mas estar conosco não o prejudicaria.

CRISTÃO: É isso mesmo, mas garanto que ele pensa de outra maneira.

ESPERANÇOSO: Isso é verdade, entretanto, vamos esperar por ele.

E assim o fizeram.

CRISTÃO: Aproxime-se. Por que ficar tão distante?

IGNORÂNCIA: Prefiro andar sozinho, a menos que pessoalmente goste da companhia.

Cristão cochichou ao ouvido de Esperançoso: "Não disse que ele não quer nossa companhia? Mas vamos passar o tempo neste lugar desolado conversando com ele". Então voltou-se para Ignorância.

CRISTÃO: "Como você está? E como estão as coisas entre Deus e sua alma?".

IGNORÂNCIA: Acredito que muito bem; pois estou cheio de boas inclinações que veem à minha mente e me consolam enquanto caminho.[1]

CRISTÃO: Que inclinações são essas? Por favor, conte-nos.

IGNORÂNCIA: Penso nas coisas de Deus e do Céu.

CRISTÃO: Assim como os demônios e as almas condenadas.

IGNORÂNCIA: Mas eu anseio encontrar a Deus e chegar ao Céu.

CRISTÃO: Assim pensam muitos que não chegarão lá. "O preguiçoso deseja e nada tem".[2]

IGNORÂNCIA: Eu penso nelas e abandonei tudo por elas.

CRISTÃO: Duvido, pois abandonar tudo é difícil, mais que muitos imaginam. O que o faz pensar que deixou tudo por Deus e pelo Céu?

IGNORÂNCIA: Meu coração me diz.

CRISTÃO: O sábio diz: "O que confia no seu próprio coração é insensato".[3]

---

1 "O que confia no seu próprio coração é insensato, mas o que anda em sabedoria será salvo" (PROVÉRBIOS 28:26).

2 Provérbios 13:4

3 Provérbios 28:26

IGNORÂNCIA: Isso se aplica ao coração ímpio, mas o meu é bom.

CRISTÃO: De que maneira você prova isso?

IGNORÂNCIA: Ele me conforta com a esperança do Céu.

CRISTÃO: Isso pode ser algo para seu próprio engano; pois o coração do homem pode confortá-lo com esperanças em algo que não tem fundamento na esperança.

IGNORÂNCIA: Meu coração e minha vida estão em harmonia, portanto, minha esperança está bem fundamentada.

CRISTÃO: Quem disse que seu coração e seu estilo de vida estão em harmonia?

IGNORÂNCIA: Meu coração me diz.

CRISTÃO: Pergunte ao meu amigo se sou ladrão! Seu coração responderá! A menos que a Palavra de Deus testemunhe sobre este assunto, outro testemunho não tem valor.

IGNORÂNCIA: Um bom coração não é aquele que tem bons pensamentos? Não é boa a vida que está em conformidade com os mandamentos divinos?

CRISTÃO: Sim, concordo com você. Uma coisa, porém, é ter uma vida correta de fato e outra coisa é pensar que sua vida está de acordo com as orientações de Deus.

IGNORÂNCIA: Por favor, me conte como você sabe que seus bons pensamentos e sua vida estão de acordo com os mandamentos de Deus?

CRISTÃO: Existem vários tipos de bons pensamentos; alguns a respeito de nós mesmos, alguns sobre Deus, Cristo e outros assuntos.

IGNORÂNCIA: Que pensamentos dizem respeito a nós mesmos?

CRISTÃO: Aqueles que estão em conformidade com a Palavra de Deus.

IGNORÂNCIA: Quando nossos pensamentos sobre nós mesmos estão de acordo com a Palavra de Deus?

CRISTÃO: Quando temos o mesmo julgamento que a Palavra de Deus. Ou seja: a Palavra de Deus fala o seguinte sobre a natureza humana: "Não há justo, nem um sequer".[4] Ela também declara que "a maldade do homem se havia multiplicado na terra e que era continuamente mau todo o desígnio do seu coração".[5] E, por fim, "é mau o desígnio íntimo do homem desde a sua mocidade".[6] Agora então, quando pensamos a respeito de nós mesmos temos a verdadeira percepção disso, então, nossos pensamentos serão bons porque estão de acordo com a Palavra de Deus.

IGNORÂNCIA: Jamais vou acreditar que meu coração seja tão mau.

CRISTÃO: Isto, portanto, demonstra que nunca teve um bom pensamento a respeito de você mesmo em toda sua vida. Mas deixe-me continuar. A Palavra julga nosso coração e nosso caminho; e quando nosso coração e nossas atitudes estão de acordo com o julgamento da Palavra, então ambos são bons, porque estão de acordo com ela.

IGNORÂNCIA: Explique o que isso significa.

CRISTÃO: A Palavra de Deus diz que os caminhos do homem são tortuosos, não são bons, mas corruptos.[7] Significa que, estão naturalmente fora do bom caminho e não sabem disto. Quando um homem pensa sobre os seus caminhos de forma realista, e com humildade, então tem bons pensamentos sobre seus próprios

---

4 Veja Romanos 3.

5 Gênesis 6:5

6 Gênesis 8:21

7 Veja Salmo 125.
"...seguem veredas tortuosas e se desviam nos seus caminhos..." (PROVÉRBIOS 2:15).

caminhos, porque seus pensamentos agora concordam com o julgamento da Palavra de Deus.

IGNORÂNCIA: Quais são os bons pensamentos a respeito de Deus?

CRISTÃO: Assim como disse a respeito de nós mesmos, quando nossos pensamentos a respeito de Deus estão de acordo com o que a Palavra diz sobre Ele, isto é, quando pensamos em Seu ser e nos atributos como a Palavra ensina, acerca dos quais não teremos tempo para discutir longamente. Falando dele, com referência a nós: Temos pensamentos corretos a respeito de Deus quando pensamos que Ele nos conhece melhor do que nós mesmos, e pode ver o pecado em nós quando e onde não conseguimos enxergar, quando pensamos que Ele conhece nossos pensamentos mais íntimos, e quando nosso coração está sempre aberto à Sua visão; e quando pensamos que toda a nossa justiça cheira mal em Suas narinas e que, portanto, não pode admitir que estejamos em Sua presença com alguma confiança, ainda que com nossas melhores atitudes.

IGNORÂNCIA: Você pensa que sou tolo para pensar que Deus não vê além ou que me apresentaria a Deus com a melhor das realizações?

CRISTÃO: O que você pensa sobre este assunto?

IGNORÂNCIA: Resumindo, creio que devo crer em Cristo para a justificação.

CRISTÃO: O quê? Pensa que deve crer em Cristo sem sentir sua necessidade dele? Não entende seu pecado original nem seu pecado atual, mas tem opinião sobre si mesmo e seus atos evidenciam que não reconhece a necessidade da justiça pessoal de Cristo para ser justificado diante de Deus. Como então pode dizer: "Creio em Cristo"?

IGNORÂNCIA: Creio o suficiente.

CRISTÃO: No que você crê?

IGNORÂNCIA: Creio que Cristo morreu pelos pecadores, e que serei justificado diante Deus por meio da Sua misericordiosa aceitação de minha obediência à Sua lei. Cristo tornou minha prática religiosa aceitável ao Seu Pai pelas virtudes de Seus méritos, e nestas condições, serei justificado.

CRISTÃO: Deixe-me dar esta resposta à sua confissão da fé:

1. Você crê com uma fé imaginária, pois essa fé não está descrita em nenhum lugar da Palavra.
2. Você crê com uma fé falsa, pois precisa da justificação da justiça pessoal de Cristo aplicada à sua própria.
3. Esta fé torna Cristo um justificador de suas obras, e não de sua pessoa, e por causa de suas obras, que é falsa.
4. Portanto, essa fé é enganosa e vai deixá-lo sob a ira do Deus Altíssimo no dia do juízo, pois a verdadeira fé que justifica, leva a alma (consciente, pela Lei, da sua condição perdida) a buscar refúgio na justiça de Cristo. Sua justiça não é um ato de graça pelo qual Ele torna a sua obediência aceitável a Deus como justificação, mas é a Sua obediência pessoal à Lei, ao sofrer por nós, o que seria exigido de nós. Essa é a justiça que a verdadeira fé aceita, e em que a alma é justificada e apresentada sem mancha diante de Deus, absolvida da condenação.

IGNORÂNCIA: O quê? Temos que confiar no que Cristo, em Sua própria pessoa fez, sem nós? Este tipo de pensamento nos liberta para viver como desejamos. Pois, não importa a forma como vivemos, se tudo o que temos a fazer é acreditar que podemos ser justificados pela justiça pessoal de Cristo.

CRISTÃO: Ignorância é como você se chama, e sua resposta representa bem tal nome. Você é ignorante sobre o significado da justiça que justifica e é ignorante em como salvar a sua alma da ira de Deus por meio da fé nessa justiça. Sim, você também desconhece os verdadeiros efeitos da fé salvadora nesta justiça de Cristo, o que significa entregar o coração a Deus em Cristo, amar Seu nome, Sua Palavra, Seus Caminhos e Seu povo.

ESPERANÇOSO: Pergunte-lhe se alguma vez Cristo se revelou a ele dos Céus.

IGNORÂNCIA: O quê? Você acredita em revelações? Creio que tudo o que você e os outros falam sobre esse assunto é apenas o resultado de mentes desordenadas.

ESPERANÇOSO: Por quê, homem? Cristo está tão escondido em Deus do ponto de vista de nossa compreensão natural que Ele não pode ser conhecido por qualquer ser humano a menos que Deus, o Pai, o revele a nós.

IGNORÂNCIA: Essa é a sua fé, não a minha. Não tenho dúvidas de que a minha crença é tão boa quando a sua.

CRISTÃO: Permita-me interromper sua palavra: Você não deve falar sobre esse assunto de forma tão banal. Por isso, corajosamente afirmo (da mesma forma que meu bom amigo o fez), que nenhum homem pode conhecer Jesus Cristo, exceto pela revelação do Pai.[8] Sim, e também a fé, pela qual a alma firma-se em Cristo, a qual deve ser gerada por Seu grande poder; de que, pobre Ignorância, você é ignorante.[9]

---

8 Mateus 11:27

9 "Por isso, vos faço compreender que ninguém que fala pelo Espírito de Deus afirma: Anátema, Jesus! Por outro lado, ninguém pode dizer: Senhor Jesus!, senão pelo Espírito Santo" (1 CORÍNTIOS 12:3).

"...iluminados os olhos do vosso coração, para saberdes qual é a esperança do seu chamamento, qual a riqueza da glória da sua herança nos santos 19e qual a suprema grandeza do seu poder para com os que cremos, segundo a eficácia da força do seu poder... (EFÉSIOS 1:18,19).

Desperte! Veja sua própria miséria e entregue-se ao Senhor Jesus e por Sua justiça, que é a justiça de Deus (pois Ele mesmo é Deus), você será libertado da condenação.

IGNORÂNCIA: Vocês são tão apressados, não consigo acompanhá-los. Sigam em frente, devo ficar atrás por um tempo.

Então disseram:

Caro Ignorância, tão tolo assim serás,
Para dez vezes rejeitares conselho perspicaz?
E, deves saber, se ainda o recusares,
Que abundas em maldade por assim atuares.

Lembra-te, homem, inclina-te sem temor,
O bom conselho salva; ouve o seu clamor.
Se o menosprezares, porém, Ignorância,
Aviso-te: derrotado serás pela arrogância.

Em seguida, Cristão disse ao seu amigo e companheiro: “Prossigamos, meu bom Esperançoso, entendo que devemos caminhar juntos novamente”.

A Palavra de Deus diz que os caminhos do homem são tortuosos... quando um homem assim pensa sobre seus caminhos, de forma realista e com humildade, então tem bons pensamentos sobre esses caminhos, porque seus pensamentos agora concordam com o julgamento da Palavra de Deus... temos pensamentos corretos a respeito de Deus, quando pensamos que Ele nos conhece melhor do que nós mesmos, e pode ver o pecado em nós quando, e onde não conseguimos enxergar, quando pensamos que Ele conhece nossos pensamentos mais íntimos e sabe que nosso coração está sempre aberto aos Seus olhos.

Vi, em meu sonho, que Cristão e Esperançoso caminhavam rapidamente, enquanto Ignorância vinha vagaroso atrás deles. Cristão fez um comentário ao seu companheiro: "Pobre homem, certamente terá um momento difícil no fim".

ESPERANÇOSO: Infelizmente, existem muitos na mesma condição em nossa cidade; famílias inteiras, sim, ruas inteiras e alguns também são peregrinos. E se existem tantos em nossa parte do mundo, quanto mais devem haver no lugar em que ele nasceu?

CRISTÃO: Na verdade, a Palavra diz: "Cegou-lhes os olhos para que não vejam". Mas agora, que estamos por nossa conta, diga-me, o que você pensa sobre tais homens? Eles nunca foram convencidos do pecado e, consequentemente, não temem as condições perigosas de sua alma?

ESPERANÇOSO: Você poderia dizer-me o que pensa, pois é mais experiente.

CRISTÃO: Creio que algumas vezes eles sentem o peso do pecado, mas por serem naturalmente ignorantes, não compreendem que tais convicções são para seu próprio bem. Eles procuram desesperadamente sufocá-los e continuam a se vangloriar de que seu coração é correto.

ESPERANÇOSO: Concordo com você. O medo geralmente age para o próprio bem dos homens quando iniciam a peregrinação.

CRISTÃO: Sem dúvida, assim é quando existe o tipo correto de medo, como a Palavra diz, "o temor do Senhor é o princípio da sabedoria".[10]

---

10 Provérbios 1:7

"O temor do SENHOR é o princípio da sabedoria, e o conhecimento do Santo é prudência" (PROVÉRBIOS 9:10).

"O temor do SENHOR é o princípio da sabedoria; revelam prudência todos os que o praticam. O seu louvor permanece para sempre" (SALMO 111:10).

ESPERANÇOSO: Como você descreveria o tipo correto de temor?

CRISTÃO: O temor verdadeiro ou correto pode ser discernido por três aspectos:

1. Por sua origem: é causado pela convicção do indivíduo ao sentir necessidade de salvação do pecado.
2. O medo conduz o ser humano a buscar em Cristo a salvação.
3. Cria na alma uma grande reverência por Deus, Sua Palavra e caminhos, mantendo a alma sensível às coisas divinas. Esse é o temor de afastar-se para a esquerda ou para a direita, temor de qualquer coisa que possa desonrar a Deus, destruir a paz da alma ou entristecer o Espírito.

ESPERANÇOSO: Creio que você falou a verdade. Já passamos pela Terra Encantada?

CRISTÃO: Por quê? Está cansado desta conversa?

ESPERANÇOSO: Não, de forma alguma, mas gostaria de saber onde estamos.

CRISTÃO: Faltam poucos quilômetros. Retomemos, porém, nossa discussão. Estávamos falando acerca de que os ignorantes não sabem que as convicções que os fazem sentir temor são para seu benefício, portanto, eles as sufocam.

ESPERANÇOSO: De que maneira eles fazem isto?

CRISTÃO:

1. Pensam que os temores que sentem são obras do inimigo (embora na verdade sejam providos por Deus), por isso resistem, imaginando que tais sentimentos os levarão à sua derrota.
2. Eles também acreditam que estes medos tendem a destruir sua fé, quando, infelizmente, eles sequer a têm! Por isso, endurecem o coração a estes temores.

"E disse ao homem: Eis que o temor do Senhor é a sabedoria, e o apartar-se do mal é o entendimento" (JÓ 28:28).

3. Eles presumem que não devem temer, portanto, a despeito dos medos, eles se transformam em pessoas presunçosamente autoconfiantes.
4. Eles percebem que esses temores tendem a destruir sua miserável autojustificação, e os resistem com toda a sua força.

ESPERANÇOSO: Sei como é agir assim, pois costumava atuar desta maneira.

CRISTÃO: Bem, deixemos nosso vizinho Ignorância sozinho por agora e encontremos outra questão importante para discutir.

ESPERANÇOSO: Concordo totalmente. Então comece.

CRISTÃO: Bem, você conheceu um camarada chamado Temporário, que viveu em sua terra há cerca de dez anos e que se opunha à religião?

ESPERANÇOSO: Sim, o conheço! Lembro-me dele. Ele vivia em Sem-Graça, uma cidade a poucos quilômetros de Honestidade, e era o vizinho mais próximo de Retrocesso.

CRISTÃO: Certo. Na verdade eles viviam sob o mesmo teto. Bem, acredito que, em algum momento, ele teve consciência e discernimento sobre seu estado pecaminoso e a punição que merecia.

ESPERANÇOSO: Também penso assim, pois minha casa era próxima à dele. Em lágrimas, ele me procurava frequentemente. Na verdade, tinha pena desse homem e acreditava que ainda houvesse esperança para ele. Descobri, porém, que nem todo aquele que clama "Senhor, Senhor", participará da jornada.

CRISTÃO: Certa vez, ele me disse que estava decidido a seguir em peregrinação, como estamos agora, mas, quando de repente conheceu Salvação-Própria, tornou-se como um estranho para mim.

ESPERANÇOSO: Já que estamos falando sobre ele, vamos investigar o motivo de sua repentina apostasia e de outros como ele.

CRISTÃO: Isso seria muito proveitoso. Por que você não começa?

ESPERANÇOSO: Bem, em minha opinião existem quatro razões para isto:

1. Embora a consciência de tais homens seja despertada, sua mente não é alterada. Portanto, quando o sentimento de culpa é amenizado, abandonam os princípios. Retornam aos velhos hábitos, assim como o cão volta "ao seu vômito".[11] O desejo de alcançar o Céu existe porque temem os tormentos do inferno; e tão logo a percepção do inferno e o medo da condenação esfriam, o mesmo acontece com o desejo pelo Céu e salvação. Quando a culpa e os temores desaparecem, os anseios pelo Céu e felicidade plena morrem; eles retornam aos velhos hábitos.
2. Outra razão é que são escravos de certos medos que os dominam, particularmente o medo dos homens, pois o medo dos homens anuncia uma armadilha.[12] Assim, embora aparentem desejar o Céu enquanto o ruído das chamas do inferno está soando aos seus ouvidos, quando o terror diminui, começam a ter pensamentos secundários, tais como: é bom ser sábio e não correr o risco de perder tudo, ou pelo menos não se preocupar com problemas desnecessários. E assim se voltam para as coisas do mundo novamente.
3. O estigma que rodeia a religião é outro obstáculo para eles. São importantes e poderosos, consideram a religião comum e simples, portanto, quando perdem o senso do castigo no inferno e da ira vindoura, retornam aos antigos hábitos.
4. Eles não gostam de pensar em culpa e medo, ou na possibilidade de um futuro miserável. Se o fizessem, talvez isso os faria

---

11 2 Pedro 2:22

12 "Quem teme ao homem arma ciladas, mas o que confia no SENHOR está seguro" (PROVÉRBIOS 29:25).

fugir para o lugar onde os justos estão protegidos. Mas por evitar tais pensamentos de culpa e medo, quando se desvencilham do terror e da ira de Deus, alegremente endurecem seu coração e escolhem caminhos que os tornarão mais insensíveis.

CRISTÃO: Você está próximo da verdade, pois no fundo, é necessária a transformação da mente e dos desejos. Tais indivíduos são como o criminoso que está diante do juiz: sacode, treme e parece arrepender-se, mas no fundo de tudo isso só há o medo da punição, sem nenhum arrependimento pelo seu crime. Dê a este homem sua liberdade, ele continuará sendo um ladrão e patife. Ao passo que, se sua mente mudasse, ele seria diferente.

ESPERANÇOSO: Apontei as razões para apostasia; agora você pode mencionar como acontece.

CRISTÃO: Farei com satisfação.

1. Há pessoas que fazem o possível para afastar qualquer pensamento sobre Deus, morte e julgamento final.
2. Afastam-se gradualmente de seus deveres particulares, como oração devocional, fuga de seus desejos carnais, vigilância, arrependimento do pecado, entre outras coisas.
3. Evitam a companhia de cristãos sinceros e fiéis.
4. Posteriormente ficam indiferentes às atividades públicas como leitura e pregação da Palavra, participação nos cultos etc.
5. Começam a encontrar falhas em outros cristãos. O propósito diabólico por trás disto é encontrar motivos para que eles se afastem da religião.
6. Começam a se associar com pessoas mundanas, imorais e sensuais.
7. Em seguida, secretamente, entram em conversas mundanas e lascivas, e ficam felizes se encontram alguém que é considerado honesto fazendo o mesmo, assim usam aquele exemplo como uma desculpa para agir com mais ousadia.

8. Começam a brincar com pequenos pecados abertamente.
9. Depois, endurecidos, revelam-se como realmente são. Lançados novamente no abismo da miséria estarão perdidos eternamente no próprio engano, a menos que o milagre da graça os impeça.

... Conrad y ... muy seguro, y se ...

... el Gr.me de Montev.o q.e lo alejara sin dud...

vez mis agentes adquirieran la bastante

... de todos los recursos de aquella cor...

... [illegible] la [illegible] de S.n Pedro, ...

... [illegible] bien [illegible] Tambien

... [illegible] golpe sobre

... [illegible] para ...

CAPÍTULO 11

Depois, vi em meu sonho, que os peregrinos saíram da Terra Encantada e entraram no país de Beulá,[1] onde o ar era mais doce e agradável; o caminho era reto e encontraram conforto e restauração por algum tempo.[2] Nesta terra a floração ocorria diariamente, e os peregrinos ouviam o canto dos pássaros e a voz das pombas continuamente.[3] Ali o sol brilhava o tempo todo, pois estava além do Vale da Sombra da Morte e longe do alcance do Gigante Desespero. Na verdade, nem mesmo conseguiam enxergar o Castelo da

Dúvida. Deste lugar, tinham um vislumbre da terra para onde estavam indo e encontraram alguns habitantes daquele lugar; os Seres Resplandecentes caminhavam frequentemente nesta terra, pois ela estava nos limites do Céu. Nesta terra o contrato da noiva e do noivo era renovado; sim, aqui, "como o noivo se alegra da noiva, assim se alegrará de ti o teu Deus".[4] Eles não têm falta de trigo e vinho; pois neste lugar encontram abundância de tudo o que ansiaram durante toda a peregrinação.[5] Neste lugar, ouviram vozes da Cidade Celestial, que, em alta voz proclamavam: "...Dizei à filha de Sião: Eis que vem o teu Salvador; vem com ele a sua recompensa, e diante dele, o seu galardão".[6] Aqui, todos os habitantes do país os

---

1 Referência a Isaías 62:4, onde se lê no hebraico *Beulá* e é traduzido por "Desposada" ou "Esposa de Deus" com relação a Jerusalém. John Bunyan foi o primeiro a comparar a travessia do Jordão e a entrada na Terra Prometida como o processo de morte e acesso ao Céu. Embora atualmente a maioria dos exegetas não concorde com essa interpretação, ela influenciou muitos grandes pensadores cristãos do passado, entre eles Charles H. Spurgeon, o conhecido príncipe dos pregadores.

2 "Nunca mais te chamarão Desamparada, nem a tua terra se denominará jamais Desolada; mas chamar-te-ão Minha-Delícia; e à tua terra, Desposada; porque o SENHOR se delicia em ti; e a tua terra se desposará" (ISAÍAS 62:4).

3 "O meu amado fala e me diz: Levanta-te, querida minha, formosa minha, e vem. Porque eis que passou o inverno, cessou a chuva e se foi; aparecem as flores na terra, chegou o tempo de cantarem as aves, e a voz da rola ouve-se em nossa terra" (CÂNTICOS DOS CÂNTICOS 2:10-12).

4 Isaías 62:5

5 "Jurou o SENHOR pela sua mão direita e pelo seu braço poderoso: Nunca mais darei o teu cereal por sustento aos teus inimigos, nem os estrangeiros beberão o teu vinho, fruto de tuas fadigas" (ISAÍAS 62:8).

6 Isaías 62:11

chamam "...Povo Santo, Remidos-do-SENHOR; e tu, Sião, serás chamada Procurada...".[7]

Enquanto caminhavam nesta terra, eles regozijavam-se mais do que tinham se regozijado naqueles lugares mais remotos do reino para o qual seguiam; quanto mais próximo estavam da cidade, a viam com mais perfeição. Ela era edificada com pérolas e pedras preciosas, ruas pavimentadas com ouro; a glória natural da cidade e o reflexo dos raios solares fazia com que o coração de Cristão chegasse a doer. Esperançoso também teve dois ou mais sintomas semelhantes. Por isso, caíram no chão, clamando: se encontrarem "...o meu amado, o que dirão a ele? Digam-lhe que desfaleço de amor".[8]

Em seguida, quando recuperaram um pouco das forças e conseguiram suportar essa dor, seguiram seu caminho, aproximando-se cada vez mais da cidade. Havia pomares, vinhedos, jardins e os portões estavam abertos para a estrada. Ao se aproximarem destes lugares, notaram um jardineiro em pé, no caminho, e lhe perguntaram: "De quem são estes vinhedos e jardins?". Ele respondeu: "Eles são do Rei, e estão plantados aqui para Seu próprio prazer e para a consolação dos peregrinos".

Em seguida, o jardineiro os conduziu pelos vinhedos e disse que deviam desfrutar dos deliciosos frutos.[9] Ele também mostrou por onde o Rei caminhava e onde eram Suas árvores preferidas; ali pararam e dormiram.

Percebi, em meu sonho, que eles falavam mais durante o sono, neste momento, do que jamais haviam feito durante o restante de

---

7 Isaías 62:12

8 Cântico dos Cânticos 5:8

9 "Quando entrares na vinha do teu próximo, comerás uvas segundo o teu desejo, até te fartares, porém não as levarás no cesto" (DEUTERONÔMIO 23:24).

sua jornada, e quando questionei acerca disto, o jardineiro me respondeu: "Por que você está maravilhado com isto? O fruto das uvas destas vinhas desce tão docemente que faz com que os lábios dos que dormem falem".

Então vi que, ao acordarem, se prepararam para subir à cidade. Mas, o reflexo do sol sobre a cidade (pois "a cidade era de ouro puro")[10] era tão glorioso que não podiam olhar diretamente para ela, mas enxergavam a cidade por meio de um instrumento feito para essa finalidade. Assim que passaram, foram recebidos por dois homens com vestes que resplandeciam como ouro; seus rostos também brilhavam como a luz.

Estes homens perguntaram aos peregrinos de onde eram. Cristão e Esperançoso responderam. Também perguntaram onde se conheceram, quais foram as dificuldades, perigos, confortos e delícias que encontraram pelo caminho, e os peregrinos responderam para eles. Em seguida, os homens disseram: "Vocês enfrentarão mais duas provações, para, então, alcançarem a cidade".

Cristão e seu companheiro pediram que os homens os acompanhassem, eles aceitaram, mas recomendaram: "Vocês devem alcançar a cidade mediante a própria fé". Vi em meu sonho, que foram juntos até avistarem o portão.

Notei que um rio estava entre eles e o portão, mas não havia nenhuma ponte para atravessá-lo e o rio era muito profundo. Ao se depararem com o rio, os peregrinos ficaram atordoados, mas os homens que os acompanharam disseram: "Vocês devem atravessá-lo ou não alcançarão o portão".

Os peregrinos perguntaram se havia outra maneira de alcançar o portão, e os homens responderam: "Sim, mas desde a fundação do

10 Apocalipse 21:18

mundo, somente dois homens, Enoque e Elias, receberam permissão de trilhar esse caminho, e assim será até que a última trombeta seja tocada".[11] Os peregrinos, especialmente Cristão, começaram a ficar desesperados, e procuraram outra maneira de fazer a travessia, mas não descobriram como escapar do rio. Em seguida perguntaram se o rio tinha a mesma profundidade em toda extensão. Eles disseram "Não", mas não forneceram outra informação. "Pois", revelaram, "a profundidade do rio depende da fé que alguém deposita no Rei da cidade".

Eles entraram na água e Cristão começou a afundar, gritando para o seu bom amigo Esperançoso: "Eu afundarei nessas águas profundas, as ondas passarão todas sobre mim! *Selá*".

Esperançoso disse: "Seja corajoso, meu irmão, pois sinto os pés no fundo e é sólido". Então Cristão disse: "Ah! Meu amigo, as tristezas da morte me cercam. Não verei a terra que mana leite e mel".

Uma grande escuridão e uma sensação de medo sobrevieram a Cristão e ele não podia ver nada diante dele. Além disso, ficou tão perturbado que não conseguia se lembrar nem falar razoavelmente sobre as bênçãos que havia recebido em sua peregrinação. Tudo que conseguia dizer era sobre o medo terrível no coração e mente e que morreria naquele rio, sem nunca entrar pelo portão. Também estava muito perturbado com pensamentos sobre os pecados que cometera antes e depois de começar a peregrinação. Além disso, as palavras dele revelavam que estava perplexo por causa de visões de demônios e espíritos malignos.

11 "Eis que vos digo um mistério: nem todos dormiremos, mas transformados seremos todos, num momento, num abrir e fechar de olhos, ao ressoar da última trombeta. A trombeta soará, os mortos ressuscitarão incorruptíveis, e nós seremos transformados" (1 CORÍNTIOS 15:51,52).

Esperançoso fazia todo o possível para manter a cabeça do irmão fora da água, entretanto, às vezes, Cristão quase desaparecia, apenas para aparecer novamente quase desfalecido. Esperançoso também tentou consolá-lo, dizendo: "Irmão, eu vejo o portão, e há homens esperando para nos receber". Mas Cristão respondia: "É a você que esperam. Desde que nos conhecemos, você sempre manteve a esperança". "E você também", respondeu Esperançoso. "Ah! Irmão", refletiu ele, "certamente, se eu estivesse certo eles viriam me ajudar, mas por causa dos meus pecados estamos nessa armadilha e fui abandonado".

Esperançoso insistiu: "Meu irmão, você se esqueceu do texto que fala dos perversos, 'Porque não há apertos na sua morte, mas firme está a sua força. Não se acham em trabalhos como outros homens, nem são afligidos como outros homens'".[12] Estas dificuldades pelas quais está passando nestas águas não são sinais de que Deus o abandonou, mas são enviadas para prová-lo, testando se você lembrará de Sua misericórdia, demostrada a você anteriormente, e se confia nele em sua aflição.

12 "Para eles não há preocupações, o seu corpo é sadio e nédio. Não partilham das canseiras dos mortais, nem são afligidos como os outros homens" (SALMO 73:4,5).

Vi em meu sonho, que Cristão parecia estar concentrado profundamente em seus pensamentos enquanto Esperançoso o animava: "Tenha bom ânimo, Jesus Cristo já fez tudo por você". E ao ouvir essas palavras, Cristão exclamou em alta voz: "Vejo-o novamente". E Ele me disse: 'Quando passares pelas águas, eu serei contigo; quando, pelos rios, eles não te submergirão...'".[13]

Em seguida, os dois tomaram coragem, e depois disso o inimigo ficou tão silente quanto uma pedra, até que puderam prosseguir na travessia do rio. Cristão encontrou um local em que foi possível ficar em pé e depois percebeu que o restante do rio era raso. Assim, eles puderam atravessá-lo.

Agora, à margem do rio, do outro lado, viram novamente os dois Seres Resplandecentes esperando por eles. "Somos espíritos ministradores", disseram, "enviados para ministrar àqueles que são herdeiros da salvação". E assim caminharam em direção ao portão.

A cidade estava sobre um grande monte, mas os peregrinos subiram a colina com facilidade, porque tinham estes dois homens que os conduziam e os apoiavam; e também Cristão e Esperançoso haviam deixado as vestes mortais para trás, no rio. Por isso, subiram com muita agilidade e velocidade, embora o fundamento sobre o qual a

13 Isaías 43:2

cidade estava assentada era mais alto do que as nuvens. Subiram pelo ar, conversando alegremente, confortados, pois concluíram a travessia do rio em segurança e estavam agora acompanhados destes seres gloriosos.

Vinde, vede agora como os peregrinos passeiam,
Nuvens são suas carruagens; os anjos os rodeiam.
Quem se recusaria a aqui perigos enfrentar
Por Aquele que lhes provê o celeste lar?

Eles conversavam com os Seres Resplandecentes sobre o esplendor do lugar, os quais lhes disseram que a beleza e a glória do lugar eram inexprimíveis. "Ali", disseram, "é o Monte Sião, a Jerusalém celestial, a companhia dos anjos e os espíritos de homens justos aperfeiçoados.[14] Agora vocês estão indo ao paraíso de Deus, onde verão a árvore da vida e comerão de seus frutos, os quais nunca murcharão. Vocês receberão vestes brancas e caminharão e conversarão diariamente com o Rei, por todos os dias da eternidade.[15] Lá vocês nunca mais verãos as coisas que viram quando estavam na

---

14 "Mas tendes chegado ao Monte Sião e à cidade do Deus vivo, a Jerusalém celestial, e a incontáveis hostes de anjos, e à universal assembleia e igreja dos primogênitos arrolados nos céus, e a Deus, o Juiz de todos, e aos espíritos dos justos aperfeiçoados, e a Jesus, o Mediador da nova aliança, e ao sangue da aspersão que fala coisas superiores ao que fala o próprio Abel" (HEBREUS 12:22-24).

15 "Quem tem ouvidos, ouça o que o Espírito diz às igrejas: Ao vencedor, dar-lhe-ei que se alimente da árvore da vida que se encontra no paraíso de Deus" (APOCALIPSE 2:7).

"Tens, contudo, em Sardes, umas poucas pessoas que não contaminaram as suas vestiduras e andarão de branco junto comigo, pois são dignas" (APOCALIPSE 3:4).

Terra: tristeza, aflição e morte, 'porque as primeiras coisas passaram'. Encontrarão Abraão, Isaque, Jacó e os profetas — homens que Deus 'levou antes do mal', e que agora descansam em seus leitos, cada um caminhando em sua justiça".[16]

Cristão e Esperançoso perguntaram: "O que faremos nesse santo lugar?". A resposta foi: "Receberão conforto por seu trabalho e alegria em troca de toda dor. Colherão o fruto que plantaram, o fruto de todas as suas orações, lágrimas e sofrimento pelo Rei por todo o caminho.[17] Receberão coroas de ouro e desfrutarão da constante presença do Santo, pois o verão 'como Ele é'.[18] Ali também vocês servirão continuamente com louvor, júbilo e ações de graça Àquele que desejaram servir no mundo, mesmo em meio às dificuldades, por causa da fraqueza de sua carne. Seu olhos se encantarão com o que virem, e seus ouvidos ouvirão a doce voz do Altíssimo. Lá vocês desfrutarão a companhia dos amigos que foram antes de vocês e receberão com alegria cada um que chegar depois. Lá serão

---

"Então, já não haverá noite, nem precisam eles de luz de candeia, nem da luz do sol, porque o Senhor Deus brilhará sobre eles, e reinarão pelos séculos dos séculos" (APOCALIPSE 22:5).

16 "Perece o justo, e não há quem se impressione com isso; e os homens piedosos são arrebatados sem que alguém considere nesse fato; pois o justo é levado antes que venha o mal e entra na paz; descansam no seu leito os que andam em retidão" (ISAÍAS 57:1,2).

"Pois eis que eu crio novos céus e nova terra; e não haverá lembrança das coisas passadas, jamais haverá memória delas" (ISAÍAS 65:17).

17 "Não vos enganeis: de Deus não se zomba; pois aquilo que o homem semear, isso também ceifará" (GÁLATAS 6:7).

18 "Amados, agora, somos filhos de Deus, e ainda não se manifestou o que haveremos de ser. Sabemos que, quando ele se manifestar, seremos semelhantes a ele, porque haveremos de vê-lo como ele é" (1 JOÃO 3:2).

vestidos de glória e majestade e acompanharão o Rei da Glória. Quando Ele vier nas nuvens ao sonido de trombetas, como sobre as asas do vento, virão com ele; e quando sentar-se no trono de julgamento, vocês sentarão ao Seu lado e quando der o veredito sobre todos os que praticam a iniquidade, sejam eles anjos ou homens, vocês terão voz nesse julgamento, porque aqueles eram inimigos do Rei e de vocês.[19] Além disso, quando Ele voltar para a cidade, vocês retornarão também com o som de trombetas e estarão com Ele para sempre".

Enquanto passavam próximo ao portão, um grupo de seres celestiais veio recebê-los. E os outros dois Seres Resplandecentes disseram

---

19 "Não queremos, porém, irmãos, que sejais ignorantes com respeito aos que dormem, para não vos entristecerdes como os demais, que não têm esperança. Pois, se cremos que Jesus morreu e ressuscitou, assim também Deus, mediante Jesus, trará, em sua companhia, os que dormem. Ora, ainda vos declaramos, por palavra do Senhor, isto: nós, os vivos, os que ficarmos até à vinda do Senhor, de modo algum precederemos os que dormem. Porquanto o Senhor mesmo, dada a sua palavra de ordem, ouvida a voz do arcanjo, e ressoada a trombeta de Deus, descerá dos céus, e os mortos em Cristo ressuscitarão primeiro; depois, nós, os vivos, os que ficarmos, seremos arrebatados juntamente com eles, entre nuvens, para o encontro do Senhor nos ares, e, assim, estaremos para sempre com o Senhor" (1 TESSALONICENSES 4:13-17).

"Quanto a estes foi que também profetizou Enoque, o sétimo depois de Adão, dizendo: Eis que veio o Senhor entre suas santas miríades" (Judas 14).

"Continuei olhando, até que foram postos uns tronos, e o Ancião de Dias se assentou; sua veste era branca como a neve, e os cabelos da cabeça, como a pura lã; o seu trono eram chamas de fogo, e suas rodas eram fogo ardente" (DANIEL 7:9).

"Ou não sabeis que os santos hão de julgar o mundo? Ora, se o mundo deverá ser julgado por vós, sois, acaso, indignos de julgar as coisas mínimas? Não sabeis que havemos de julgar os próprios anjos? Quanto mais as coisas desta vida!" (1 CORÍNTIOS 6:2,3).

a este grupo: "Estes homens amaram nosso Senhor quando viviam no mundo e abandonaram tudo por Seu santo nome. Ele nos enviou para buscá-los, e nós os trouxemos até aqui em sua jornada desejada, para que possam entrar e olhar o rosto de seu Redentor com alegria". Então, o exército celestial deu um grande brado, exclamando: "Bem-aventurados aqueles que são chamados à ceia das bodas do Cordeiro".[20]

Neste momento, vários trombeteiros do Rei também saíram para encontrá-los; estavam com vestes brancas e brilhantes, e os Céus ecoavam com altos sons melodiosos. Eles saudaram Cristão e Esperançoso com dez mil boas-vindas, com brados e ao som de trombetas.

Feito isto, eles cercaram esses dois companheiros; alguns vinham à sua frente e outros na retaguarda, uns à sua direita e outros à esquerda (para protegê-los de um lado a outro nas regiões celestes); era como se o próprio Céu tivesse descido para encontrá-los. Assim, caminharam juntos. E, enquanto caminhavam, estes trombeteiros, misturando sua música alegre e contínua, com olhares e gestos, indicavam que Cristão e seu irmão eram bem-vindos em seu grupo, e com que alegria vieram para encontrá-los. Agora os dois homens sentiam-se no Céu antes mesmo de chegar lá, acolhidos pela visão dos anjos e sons das melodiosas canções. Eles conseguiam ver a cidade e pensaram ouvir todos os sinos tocarem para recebê-los. Mas, acima de tudo, pensamentos alegres e calorosos lhes invadiam o ser ao ver sua nova morada e as companhias que teriam eternamente. Nenhuma língua oral ou escrita poderia expressar essa gloriosa alegria! E assim aproximaram-se do portão.

Quando alcançaram o portão, viram escritas, com letras de ouro, as palavras: "Bem-aventurados aqueles que lavam as suas vestiduras

---

20 Apocalipse 19:9

[no sangue do Cordeiro], para que lhes assista o direito à árvore da vida, e entrem na cidade pelas portas".[21]

A seguir, vi em meu sonho, que os Seres Resplandecentes disseram-lhes que batessem no portão; e quando o fizeram, Enoque, Moisés, Elias e outros olharam para fora por cima do portão, a quem foi dito isto: "Estes peregrinos vieram da Cidade da Destruição por causa do amor que têm pelo Rei deste lugar". Em seguida, cada um dos peregrinos entregou o seu certificado, o qual receberam no início da jornada. Entregaram os pergaminhos ao Rei e após a leitura, Ele perguntou: "Onde estão os homens?". E responderam: "Estão do lado de fora do portão". O Rei ordenou que o portão fosse aberto: "...para que entre a nação justa, que guarda a fidelidade".[22]

Vi, no sonho, que Cristão e Esperançoso atravessaram o portão. Ao entrarem, foram transfigurados e vestidos com vestes que brilham como ouro. Também receberam harpas e coroas — as harpas para o louvor e as coroas como símbolo de honra. Nesse momento, todos os sinos da cidade tocaram novamente para alegria, e ouviram as palavras: "...entra no gozo do teu Senhor". Também ouvi os próprios peregrinos cantando em alta voz: "...Àquele que está sentado no trono e ao Cordeiro, seja o louvor, e a honra, e a glória, e o domínio pelos séculos dos séculos".[23]

Assim que os portões foram abertos para os dois homens, olhei atrás deles e vi que a cidade brilhava como o sol, as ruas eram pavimentadas com ouro e os homens que ali caminhavam tinham coroas na cabeça, palmas nas mãos e harpas de ouro com as quais entoavam louvores.

---

21 Apocalipse 22:14

22 Isaías 26:2

23 Apocalipse 5:13

Ali havia muitos que possuíam asas, e eles respondiam um ao outro, sem cessar, dizendo: "Santo, santo, santo é o Senhor".[24] E depois disso eles fecharam os portões, e por ter visto aquele cenário, desejei eu mesmo estar entre eles.

Agora, enquanto contemplava todas estas coisas, virei a cabeça para olhar para trás e vi Ignorância subindo pelo rio, mas sem enfrentar as dificuldades que os outros dois homens tinham encontrado. Pois havia nesse lugar um homem chamado Vã-Esperança, um barqueiro, que o ajudou a atravessar com o seu barco. Depois Ignorância subiu o morro em direção ao portão, só que ele chegou sozinho, pois ninguém o encontrou para lhe dar palavras de incentivo.

Quando chegou ao portão, olhou para cima e viu a inscrição sobre ele e começou a bater, imaginando que entraria facilmente.

24 Apocalipse 4:8

Mas os homens olharam por cima do portão e perguntaram: "De onde você vem?" e "O que deseja?". Ele respondeu: "Comi e bebi na presença do Rei e Ele me ensinou em nossas ruas". Então, pediram seu pergaminho, para que fosse mostrado ao Rei. Ele procurou em seu casaco, mas não o encontrou.

Então perguntaram: "Você não o tem?". Ele nada respondeu. Em seguida, conversaram com o Rei, mas Ele não veio vê-lo. Em vez disso, Ele ordenou aos dois Seres Resplandecentes que conduziram Cristão e Esperançoso à cidade, que saíssem e acorrentassem os pés e as mãos de Ignorância e o lançassem fora. Em seguida, eles o carregaram pelo ar até a porta que vi ao lado da montanha e o colocaram lá.

Com isso percebi que havia um caminho para o inferno até mesmo a partir das portas do Céu, assim como da Cidade da Destruição. Acordei e eis que tudo havia sido um sonho.

Acordei e eis que tudo havia sido um sonho.

A CONCLUSÃO

Contei-te meu sonho, amigo leitor.
Vê se podes interpretá-lo a este autor,
Ou a ti, ou a teu próximo. Atenta, porém,
Para não o interpretar mal a alguém.
Em vez de bem, isso lhe trará confusão:
Ao mal interpretar, colherás maldição.
Acautela-te para que extremo não sejas,
Ao brincar com meu sonho, rindo gracejas.
Nem permite que minhas figuras e similitudes
Ponham-te em zombaria ou contenciosa atitude.
Deixa-o aos infantes e tolos; porém quanto a ti,
Que com a essência de meu livro possas assentir.
Põe de lado as cortinas, olha para dentro do véu.
Desvela minhas metáforas, não as deixes ao léu.
Lá, se tens buscado atentamente,
Encontrarás tesouros para tua mente.

E quando escórias ali encontrares, sê ousado:
Lança-a fora, preserva, porém, o metal dourado;
E se meu ouro em minério estiver envolto?
Ninguém lança fora a maçã por causa do caroço.
Porém, se desprezares tudo como vão,
Isso me fará sonhar de novo então.

ILUSTRAÇÕES